KB241943

얼굴을 보고 사람을 읽는다

악인의 얼굴학

표정을 간파하여 마음을 꿰뚫어보는 성공 처세술

얼굴을 보고 사람을 읽는다

악인의 얼굴학

카토 아키오 · 인생의 달인 연구회 지음 | 이윤정 옮김

BM® Book

머리말

얼굴만 봐도 알 수 있는 악인의 특징

불평할 때 입술을 비틀며 비죽거리는 사람은 뭐든지 자기 마음대로 해야 직성이 풀리는 사람이다. 세상이나 주변 사람들에 대해서도 불만이 가득하다.

또한 쉴 새 없이 입을 움직이는 사람, 입꼬리를 올렸다 내렸다 하는 사람은 거짓말을 하고 있다. 궁지에 몰려 순간적인 거짓말을 할 때는 눈빛이 허공에서 흔들린다.

울먹이듯 애처롭게 생긴 여자는 남자에게 헤프고, 화난 사람처럼 부루퉁해서 다니는 남자는 잘난 체가 심하다. 이런 악인들은 얼굴만 보아도 알 수 있으므로 알아두면 유리하다.

사람의 얼굴은 세상을 향한 출입문과 같다. 그 사람의 인생을 말해주며 성격이나 인간성, 생각, 생활환경 따위가 응축되어 있다. 이것은 아무리 숨겨도 드러나게 마련이다.

사람 얼굴에는 그런 다양한 정보와 메시지가 들어 있다. 인생에 통달한 악인들은 그것을 제대로 읽어내고 영리하게 이용한다.

이 책에서는 얼굴 생김과 그때그때의 표정 변화 등을 통해 '악인' 이라 불리는 위험한 사람들을 가려내는 방법을 다루고 있다. 사람을 꿰뚫어보는 안목을 키우는 데 도움이 될 것으로 생각한다. 그 안목을 어떻게 활용하느냐는 여러분에게 달려 있다.

카도 아키오 · 인생의 달인 연구회

차례

2장 얼굴을 통해 엿볼 수 있는 악인의 삶

Part 2 얼굴만으로 상대방을 파악하는 악인의 비법

1장 말투와 웃음으로 상대방을 파악한다

2장 눈빛과 표정으로 상대방을 파악한다

Part 3 상대방의 얼굴이 말해주는 것들

1장 얼굴은 건강상태를 알려주는 거울

2장 환경과 얼굴의 재미있는 상관관계

Part 1

악인의 얼굴에는 악인의 인생이 있다

1 눈·코·입의 모양을 통해 엿보는 악인의 본성

혐오감을 주는 얼굴일수록 성공 가능성도 크다

혐오감을 주는 사람도 때로는 큰 스타가 될 수 있다. 유명한 연출가의 말이다.

1960년대 엘비스 프레슬리의 출현은 과히 충격적이었다. 젊은 남자가 엉덩이를 흔들며 노래하는 모습도 가관이었지만, 동양인의 상식을 뛰어넘는 얼굴 또한 파격이었다.

끈적거리는 에로틱한 눈매, 여자처럼 작고 새침해 보이는 입술도 어딘지 모르게 야했다.

게다가 얼굴 생김과 표정에는 말로 표현하기 힘든 혐오감이 배어 나왔다. 사람마다 취향이 다를 테니 모든 사람이 그렇게 느꼈다고는 할 수 없다. 하지만 프레슬리의 매력은 그 혐오감에서 나온다. 친숙해지면 그것이 더없는 매력으로 비치는 것이다.

프레슬리가 엉덩이를 실룩거리며 노래하는 모습을 보고, 여성들은 아무런 자각 없이 순식간에 혐오감의 포로가 되었다. 혐오감이 인기 스타를 만들어낸 전형적인 사례다.

즉, 혐오감을 풍기는 얼굴은 연예계에서 성공할 수 있는 자산이다. 혐오감은 스타성을 결정하는 요소이며, 혐오감이 강렬할수록 대형 스타가 될 수 있다. 말하자면 혐오감을 주는 얼굴은 대중을 매료시키는 또 하나의 강한 개성인 셈이다.

우리나라에서도 혐오감을 풍기는 얼굴과 표정, 말투를 가진 연예인이 대형 스타가 되는 경우를 종종 볼 수 있다.

이처럼 혐오감을 제대로 승화시키면 스타의 반열에 오를 수 있다. 하지만 그렇지 못한 경우에는 혐오감으로 인해 이미지가 나빠져 결국 잊혀진 존재가 될 수밖에 없다. 훗날 사람들의 기억에 잠시 떠올랐다가 사라지는 그때 그 사람이 되고 마는 것이다.

사회에서도 마찬가지이다. 혐오감을 주는 타입 가운데 직장에서 인정받고 이성에게 인기 있는 사람이 많다. 이 또한 혐오감이 빚어내는 매력 덕분이다. 사람에게는 혐오감을 풍기는 대상에게 끌리는 심리가 있기 때문이다.

POINT

혐오감으로 스타의 반열에 오르듯 혐오감을 주는 타입이 직장에서 인정받고 이성에게 인기 있는 사람이 많다. 이 또한 혐오감이 빚어내는 매력 덕분이다. 사람에게는 혐오감을 풍기는 대상에게 끌리는 심리가 있다.

늘 화난 것 같은 사람을 조심하라

중년 이후의 남성들 가운데 웃지도 않고 뭐가 못마땅한지 얼굴을 잔뜩 찌푸리고 다니는 사람이 더러 있다.

사실 이들은 화가 나서 얼굴이 부은 게 아니다. 그렇다면 왜 화난 사람처럼 매사에 시큰둥한 걸까? 한마디로 잘난 체하느라 그렇다. 대단한 사람이라도 되는 양 거드름을 피우는 것이다. 정말로 그렇게 잘나고 대단한지는 모르겠지만 말이다. 이들은 사람들 앞에서 웃으면 권위가 떨어진다는 착각에 빠져 있다.

사람들은 대부분 이런 부류를 싫어한다. 잘난 체하고 남을 깔보는 사람만큼 꼴 보기 싫은 것도 없다. 하지만 이런 타입은 눈치가 둔해서 상황 파악을 못한다.

이런 사람이 권력을 잡으면 골치 아프다. 증세가 더 심해져 아예 사람들의 얼굴을 제대로 보려고 하지도 않는다.

마주 앉아 이야기를 나눌 때도 상대방의 얼굴은 보지도 않는다. 고개를 45도 각도로 빳빳이 쳐들고 자기 할 말만 한다.

이런 사람이 회식 자리에 끼면 괴롭다. 프랑스 요리 풀코스라도 먹을라치면 더하다. 나이프와 포크를 사용해 음식을 먹거나 냅킨으로 입을 닦을 때는 앞이나 아래를 본다. 하지만 입을 닦자마자 시선은 곧장 45도 위를 향한다. 와인을 마실 때도 마찬가지다.

고충은 함께 있기 불편한 데서 그치지 않는다. 눈을 맞추지 않으니 사업 이야기를 꺼낼 기회조차 잡을 수 없어 난감하다.

이런 사람에게는 똑같이 대해주는 게 상책이다. 고개를 45도 각도로 쳐들고 딴 데를 보면서 이야기해도 상대방은 알아채지 못한다. 그런 식으로 적당히 상대해주면 된다.

POINT

얼굴을 잔뜩 찌푸리고 다니는 사람에게는 똑같이 대해주는 게 상책이다. 고개를 45도 각도로 쳐들고 딴 데를 보면서 이야기해도 상대방은 알아채지 못한다. 그런 식으로 적당히 상대해주면 된다.

악하게 생기면 악인,
선하게 생기면 선인?

얼굴과 성격 또는 인간성의 상관관계를 거론할 때 자주 등장하는 정형화된 이미지가 있다. 바로 무섭게 생겼지만 마음씨 착한 사람이다. 이런 타입은 무섭게 생긴 만큼 인간성이 돋보여 상대적으로 후한 평가를 받는다. 외모와 성격이 대조적이다 보니 좋은 인간성이 한층 더 빛을 발한다.

무섭게 생긴 '김' 이라는 남자와 결혼한 '이' 라는 여자가 있다고 하자. 쉬는 날 남편과 함께 시내 백화점에 쇼핑 나갔다가 결혼 전 같은 직장에 다니던 여자 동료 '최' 를 우연히 만났다.

"우리 남편이야. 나 얼마 전에 결혼했거든."

소개를 받은 '최' 는 '이' 의 남편을 보고 움찔 놀란다. 그때 낌새를 눈치 챈 '이' 는 서둘러 한마디 덧붙인다.

"좀 무섭게 생겼지? 하지만 얼마나 착하고 다정한 사람인데."

무섭게 생긴 남편을 둔 여자는 이런 식으로 평생 사람들 앞에서 변명 아닌 변명을 해야 한다.

이 경우에 무서운 얼굴은 생김새가 무서운 얼굴을 말한다. 사실 얼굴이 크고 길쭉하며 눈동자가 올라붙은 삼백안(三白眼)에다 이마가 M자 모양으로 벗겨진 사람은 인상이 너무 강렬해서 무섭게 보일 것이다.

그런데 무섭게 생긴 얼굴은 '악인 얼굴'과는 엄연히 다르다. 물론 개중에는 무섭게 생긴 악인 얼굴도 있다. 이런 얼굴이야말로 무서운 얼굴의 결정판이라 하겠다.

악인 얼굴은 나쁜 인간성과 성격이 겉으로 드러나는 얼굴이다. 따라서 악인 얼굴을 가진 사람은 악인이라는 답이 나온다.

여기서 악인이란 살인이나 강간, 사기 같은 범죄를 저지르는 사람만 가리키는 것이 아니다. 양심의 가책 없이 남을 배신하고, 일이나 출세를 위해 비겁한 수단도 마다하지 않고, 권력을 이용해 약한 사람을 집요하게 괴롭히고, 자신의 이익을 위해 눈 하나 깜박하지 않고 거짓말을 하는 그런 사람이다.

서양 심리학에서 말하는 사악한 성격이다. 정치가, 유명 MC, 기업체 사장이나 간부, 변호사, 의사 중에도 이런 악인 얼굴을 가진 악인을 발견할 수 있다.

한편 선하게 생긴 사람이 선인이냐 하면 꼭 그렇지는 않다. 물론 인상이 착하고 마음씨까지 고운 사람도 있다. 하지만 선량한 얼굴을 한 사람이 흉악 범죄나 파렴치한 짓을 저질러 세상을 경악케 하는 사건이 최근 적지 않다는 사실도 이를 뒷받침해준다.

이른바 사람들 앞에서만 착한 체하는 위선자다. 선해 보이는 인상에 호인으로 통하는 사람이 어쩌다가 사악한 표정 또는 냉혹한 표정을 내비칠 때가 있다. 이런 사람은 절대로 선량한 인격의 소유자라고 볼 수 없다.

POINT

나쁜 인간성과 성격이 겉으로 드러나는 악인 얼굴을 가진 사람은 악인으로 보면 된다. 하지만 선해 보이는 인상에 호인으로 통하는 사람이 어쩌다가 사악한 표정 또는 냉혹한 표정을 내비칠 때가 있다. 이런 사람은 절대로 선량한 인격의 소유자라고 볼 수 없다.

얼굴 큰 사람은 비범하다

관상학이나 심리학에서는 얼굴이 큰 사람은 의사 표현이 분명하고, 의지가 강하고, 무슨무슨 '주의' 주장을 고집하는 성격이라고 한다. 리더에 어울리는 타입이라는 말인데, 정말 그럴까?

성격이나 기질 면에서 그런 사람이 많다는 것은 부정하기 어렵다. 하지만 겉으로 드러난 인상이 사람들로 하여금 그렇게 생각하게 만드는 측면도 있다. 얼굴이 크면 어딘지 남달라 보이기 때문이다.

부리부리한 눈에 코나 입도 큼직큼직하다면 그런 이미지가 더 강해서 사람들을 압도한다. 사람들이 지레 겁을 집어먹기도 한다.

실제로는 소심하고 착하며 자기주장이 서툰 사람이라도, 존재감이 워낙 커서 위압적일 거라는 선입관을 심어줄 수 있다. 얼굴은 크지만 소극적이고 심성이 여린데도 말이다.

하지만 세대가 변하면서 얼굴 큰 사람이 눈에 띄게 줄어들었다. 옛날에는 모두들 얼굴이 컸다. 1940~1950년대에 활동한 인기 사극 배우들은 화면이 꽉 찰 정도로 얼굴이 컸다. 서 있으면 거의 사등신처럼 보였을지도 모른다.

요즘은 얼굴 작은 사람이 대세이고, 다들 작은 얼굴을 선호한다. 얼굴이 크면 놀림감이 되는 세상이다. 모르긴 해도 큰 얼굴 때문에 소심하게 혼자서 속앓이를 하는 사람도 있을 것이다.

옛날 사람들은 비정상적일 만큼 심하게 얼굴이 큰 사람에 대해 경외심을 가졌다. 놀려대기도 했지만 한편으로는 비범한 인물로 여겼던 것이다.

만약 얼굴이 하나같이 작다면 어떨까? 아마 강력한 지도자가 나오기는 어려울 것이다. 우리 사회는 아기자기한 재능과 소박한 삶을 추구하는 소시민들로 넘쳐나게 될지도 모른다.

참고로, 얼굴이 큰 사람은 대개 실제보다 키가 커 보인다. 반대로 요즘 젊은이들을 보면 알 수 있듯이 얼굴이 작으면 실제보다 키가 줄어들어 보인다.

POINT

얼굴이 큰 사람은 리더에 어울리는 타입이다. 부리부리한 눈에 코나 입도 큼직큼직하다면 그런 이미지가 더 강해서 사람들을 압도한다. 얼굴이 크면 어딘지 남달라 보이기 때문이다.

해맑은 얼굴과 해맑지 않은 얼굴

유난히 해맑은 얼굴이 있다. 왕년의 아이돌 가수나 요즘 젊은 세대는 잘 모르는 1950~1960년대 청춘 스타도 젊을 때는 해맑은 얼굴이었다.

그에 비하면 요즘은 얼굴이 해맑은 연예인이 드물다. 경제적인 풍요 속에서 아이들은 순수함을 잃어버렸다. 해맑음이 사라졌다. 젊은이들은 더 이상 젊은이답지 않다.

그런데 서른, 마흔이 넘어서도 여전히 얼굴이 해맑은 사람이 있다. 도대체 이런 사람들의 성격이나 인간성은 어떨까?

대개 얼굴이 해맑은 사람은 나이에 비해 인간적인 수양이 부족하거나 매정하다.

인간적인 수양이 모자라면 대체로 인간미가 부족하다. 번잡한 인간관계에 엮이는 것을 싫어한다.

사고가 깊지 않기 때문에 뭐든 단순하게 생각하는 경향도 있다. 그래서 이상이 어쩌고 명분이 어쩌고 하는 폼 나는 이야기만 하고 싫어한다.

인간미가 부족한 탓에 냉혹한 사람도 있다. 하지만 사람에게 집착하지 않고 감정적으로 단백해서 친구로 지내기에 좋은 장점도 있다. 다만 깊은 우정이나 유대감을 기대한다면 부족하게 느낄 수도 있다.

이런 타입의 남성은 50대가 되어 피부가 시들어도 표정이 해맑기 때문에 얼핏 보기에는 젊지만, 어딘지 모르게 이상하다.

참고로 뭔가에 세뇌된 사람에게서도 묘하게 해맑은 얼굴을 발견할 수 있다.

POINT

젊은이들과 다르게 서른, 마흔이 넘어서도 여전히 얼굴이 해맑은 사람이 있다. 이들은 대개 나이에 비해 인간적인 수양이 부족하거나 매정하다. 인간적인 수양이 모자라면 대체로 인간미가 부족하다. 번잡한 인간관계에 엮이는 것을 싫어한다.

미남미녀에게도 인간적 결함이 있다

얼굴이 예쁜 여자는 왠지 재미없고 따분할 것 같다. 얼굴이 반반한 여자만 보면 무조건 다가가고 싶은 게 남자들의 심리지만, 동시에 그런 생각도 든다.

여기서 미녀는 얼굴이 예쁜 여자를 말한다. 잘생긴 남자도 마찬가지다. 입만 열면 시시하고 지루한 소리만 해댈 것 같다.

왜 그럴까? 어쩌면 사람들이 외모에 정신이 팔려 미남미녀의 인간적인 매력을 제대로 보지 못해서 그럴 수도 있다.

미모와 내적인 매력을 저울에 올려놓고 볼 때, 외모가 내면의 매력을 압도해 개성이나 인간성이 잘 드러나지 않는다.

사실 미남미녀는 재미없는 성격이어도 사는 데 지장이 없다. 언제나 사람들이 관심과 호의를 베풀어주기 때문이다. 미남미녀들 가운데 코믹한 캐릭터가 없는 것도 그래서일 것이다. 주변 사람들이 아예 그들을 코믹한 캐릭터로 취급하지 않는다.

사람들의 호감을 사기 위해 노력할 필요가 없으니 재미없고 밍밍한 사람이 되고 만다. 발전이 없는 것이다.

더구나 고생을 해도 예쁘고 잘생긴 얼굴에는 그 신산함이 잘 드러나지 않는다. 왕년의 미남미녀 배우들 가운데 삶의 깊이가 배어나는 아름다운 얼굴로 늙어가는 사람이 드문 현실도 그 같은 비극을 상징적으로 보여준다.

반면에 태어날 때부터 못생기면 삶이 고달프다. 현실 사회에서는 못생겼다는 것이 장애로 작용할 수 있기 때문이다. 대신 외모로는 게임이 되지 않으니 그만큼 노력하게 된다. 코믹한 캐릭터나 조연 배우들이 나이가 들수록 중후한 매력을 더해가는 것도 그래서일 것이다.

POINT

미남미녀는 언제나 사람들이 관심과 호의를 베풀어주기 때문에 코믹한 캐릭터를 갖기 어렵다. 그러므로 사람들의 호감을 사기 위해 노력할 필요가 없으니 재미없고 밍밍한 사람이 될 가능성이 높다.

얼굴은 예쁜데
눈길을 끌지 못하는 이유

20대 여성들이 삼삼오오 모인 자리에서 눈에 잘 띄지는 않지만 자세히 보면 이목구비가 예쁘장한 여성을 발견할 수 있다. 그런데 일부러 관심을 갖고 찬찬히 뜯어보지 않으면 예쁘다는 걸 알아채기 어렵다.

대개 이런 여성들은 얼굴이 작고 둥글며, 눈이나 코도 작지만 예쁘고 반듯하다.

그런데 왜 사람들의 눈길을 잡아끌지 못할까? 바로 화사함이 부족해서 그런 것이다. 화사함이 부족한 이유는 내면에서 배어나는 매력이 없어서이다.

이들 가운데는 성격이 명랑하지 않은 사람이 많다. 우울증 성향이 있거나 정신적인 문제를 안고 있는 사람도 얼굴에 화사함이 부족하다.

성격이 어둡고 꼬인 경우도 있다. 자기 평가보다는 주위의 평가가 낮고, 그것을 불만스럽게 여기기도 한다. 대개는 성격이 좋지 않으며, 그 사실이 은연중에 알려져 사람들이 거리를 두게 된다. 그런 이유로 과소평가를 받게 되는 것이다.

POINT

대개 이런 여성들은 화사함이 부족하다. 화사함이 부족한 이유는 내면에서 배어나는 매력이 없어서일 것이다. 성격이 어둡고 꼬인 경우도 있다. 자기 평가보다는 주위의 평가가 낮고, 그것을 불만스럽게 여기기도 한다.

표정 변화가 심한 사람을 조심하라

그때그때 감정에 따라 순식간에 표정을 바꾸는 사람이 있다. 의심하고, 기뻐하고, 안타까워하고, 화내고, 공격적인 감정을 터뜨린다. 감정 변화가 심할 뿐만 아니라 그것을 얼굴에 고스란히 드러낸다.

현대 사회에서는 표정이 풍부한 것을 대체로 긍정적으로 여기지만 꼭 그런 것도 아니다.

잠깐만 생각해보면 바로 알 수 있는 문제이다. 모든 사람이 그때그때의 감정을 얼굴에 나타낸다고 상상해보라. 말도 못하게 피곤할 것이다. 집에서 한 발짝만 나가도 지치고 만다. 아니, 집에 있어도 피곤할 것이다.

인간은 감정을 그대로 드러내면 인간관계가 얼마나 피곤해지는지 태곳적부터 알고 있었고, 그것은 유전자에 기록돼 전해지게 되었다. 그리고 성장 과정부터 감정 표현을 억제하는 방법을 체험적으로 습득해간다.

사람들로 넘쳐나는 이 사회에서 그런대로 평화가 유지되는 것은 그래서일 것이다.

표정 변화가 심한 사람의 사전에는 그런 상식이 없다. 이들은 도대체 어떤 성격과 인간성의 소유자일까? 한마디로 감정이 격하면서 동시에 이기적이고 제멋대로다. 어려서부터 아무 때나 성질을 피우고 내키는 대로 날뛰어도 부모가 엄하게 다잡아주지 않았던 것이다. 그렇게 살아왔으니 그런 인간이 된 것이다.

이런 사람의 감정에 동조하면 진이 다 빠진다. 게다가 자신도 물들 수 있다. 사장이 이런 타입이라면, 직원들은 사장의 표정이 바뀔 때마다 적당히 비위를 맞추며 그냥 지나칠 수밖에 없을 것이다.

POINT

표정 변화가 심한 사람은 한마디로 감정이 격하면서 동시에 이기적이고 제멋대로다. 사장이 이런 타입이라면, 직원들은 사장의 표정이 바뀔 때마다 적당히 비위를 맞추며 그냥 지나칠 수밖에 없을 것이다.

눈을 내리까는 여자에겐 감춰진 본성이 있다

옛날에는 사람들 앞에서 눈을 내리까는 여자들이 많았다. 고개를 숙인 채 시선을 다소곳이 떨어뜨리고 있는 여자를 보면 남자들은 괜히 마음이 설렌다.

특히 속눈썹이 긴 여자가 눈을 내리깔고 있으면 더없이 예뻐 보인다. 한심한 남자들은 그 모습에 반해 말이라도 붙여보고 싶어서 안달을 한다.

예전에는 여배우들 가운데 이런 타입이 꽤 있어서 남성들의 사랑을 한 몸에 받았다.

당시에는 눈을 내리까는 행동 자체를 어여쁘게 보았다. 때 묻지 않고 순진해서 눈을 내리까는 것이고, 그 애처로운 모습에 사람들이 끌리는 것이라고 호의적으로 해석했다.

그런 소심하고 소극적인 성격에는 특유의 장점이 있었다.

그에 비해 요즘 여자들에게는 순정이고 뭐고 옛날이야기다. 2차 대전 후 여성들은 강해졌다. 경제 만능 사회에서 소극적이고 소심

한 성격이나 태도는 남성은 물론 여성들에게도 환영받지 못한다.

남자들보다 적극적이고 사교적인 여자도 많다. 눈을 내리까는 여성의 소멸과 더불어 소심하고 소극적인 여성도 찾아보기 힘들어진 것 같다.

그러면 현대 사회에서 눈을 내리까는 여자들의 성격과 인간성은 과연 어떨까? 사실 순진하고 숫기가 없어서 눈을 내리까는 여성은 별로 없을 것이다.

오히려 어릴 때부터 학대를 당하거나 온전치 못한 삶을 살아온 탓에 사람들의 얼굴을 제대로 못 보는 경우일 확률이 높다. 여자만 그런 것이 아니라 남자들도 마찬가지다.

이런 사람이 감정을 드러낼 때면 태도가 싹 바뀐다. 눈을 내리까는 대신 눈을 치뜨고 흘끔거리며 상대방을 본다.

그러니 성격 좋은 사람이라고 보기는 어렵다.

쉰이 넘은 나이에도 사람들 앞에서 눈을 내리까는 유명 여배우가 있다. 이 경우에는 연출일 가능성이 크다. 그런 모습이 매력적으로 비친다는 것을 알고, 카메라가 돌아가는 동안 의식적으로 눈을 내리까는 것이다.

하지만 우리 사회에는 여전히 수줍음 때문에 눈을 내리까는 여성들이 있다. 낯을 가리는 성격이라 처음 만난 사람 앞에서는 이야기를 잘 못한다며 부끄러운 듯이 눈을 내리까는 일흔이 넘은 할머니도 있다.

그중에는 실제로 부끄럼을 타는 여성도 있지만, 산전수전 다 겪어 세상 사정에 빤한 여성도 있다. 그러니 여성의 본성은 알다가도 모를 일이다.

POINT

이런 사람은 어릴 때부터 학대를 당하거나 온전치 못한 삶을 살아온 탓에 사람들의 얼굴을 제대로 못 보는 경우일 확률이 높다. 여자만 그런 것이 아니라 남자들도 마찬가지다. 이런 사람이 감정을 드러낼 때면 태도가 싹 바뀐다.

수줍은 눈길로 쳐다보는 여자의 진짜 성격은?

남자들 앞에서 일부러 애처로운 표정을 짓는 여자도 있으니 정신 바짝 차려야 한다. 이를테면 수줍게 눈을 내리깔면서 끈적이는 눈길로 흘금흘금 올려다보는 타입이다.

이런 타입의 여자에게 중년 이상의 아저씨들이 특히 약하다. 괜히 혼자 몸이 달아서 뭐든 해주고 싶어 안달을 한다. 무엇을 해주려지는 모르겠지만 말이다. 나잇값도 못하고 딴생각을 품는 사람도 있다. 사실 이런 여자들이 노리는 것이 바로 그것이다.

남자들의 그런 심리를 꿰뚫어보고 영악하게 연기를 하는 것이다. 그런 줄 뻔히 알면서도 넘어가는 걸 보면 남자들도 참 구제불능이다.

계산이 빠르다기보다는 계산밖에 모르는 여자다. 겉으로는 누구에게나 싹싹하고 붙임성 있게 굴지만, 속마음은 다르다. 자신에게 이득이 되는 사람, 특히 권력을 가진 사람과 그렇지 않은 사람을 엄격히 구별한다.

그러나 아무리 여우 짓을 해도 같은 여자들의 눈은 속이지 못한다. 대개 이런 타입은 여자들 사이에서 미움을 받는다.

그러니 이런 여자의 진짜 성격과 인간성을 알고 싶다면 여자들에게 부탁하면 된다. 친한 사이가 아니어도 얼굴만 보고도 어떤 여자인지 바로 알아맞힌다. 대체로 그 말이 틀리지 않으니 신기하다.

POINT

수줍게 눈을 내리깔면서 끈적이는 눈길로 흘금흘금 올려다보는 타입은 겉으로는 누구에게나 싹싹하고 붙임성 있게 굴지만, 속마음은 다르다. 자신에게 이득이 되는 사람, 특히 권력을 가진 사람과 그렇지 않은 사람을 엄격히 구별한다.

힘 있는 눈이 매력적인 이유

일반적으로 눈에 힘이 있는 사람은 매력적으로 보인다. 왜 그럴까?

그것은 얼굴에서 그 사람을 가장 잘 보여주는 부분이 눈이기 때문이다. 눈은 구심력이 크다. '빠져들 것 같은 눈' 이란 표현에서도 알 수 있듯이, 우리는 사람을 볼 때 그 눈에 사로잡힌다.

사람들은 대개 눈을 보고 상대방의 인간성이나 심리, 감정을 판단한다. 눈이 얼굴의 구심이기 때문에 힘 있는 눈은 사람을 끄는 매력이 있다.

그러나 눈에서 힘이 느껴진다고 해서 꼭 성격이 좋은 건 아니다. 자칫 좋지 않은 힘, 수상쩍은 기운이 어린 눈에 사로잡히면 끝없는 나락으로 떨어질 수도 있다.

반면, 눈 사이가 벌어진 여성은 약간 멍청해 보인다.

왜 그럴까? 어려운 문제다. 생물학적으로 볼 때 눈 사이가 벌어지면 시야가 넓다. 세상을 넓게 볼 수 있으니 성격이 느긋하고, 자연히

성적으로도 느슨한 것이 아닐까 싶다. 따라서 남자들은 눈 사이가 벌어진 여자를 보면 왠지 마음이 놓이면서 호감이 생기고, 성적으로 끌리게 되는 것 같다.

그런데 멍청해 보이는 이유는 무엇일까? 성격이 느긋한 만큼 독하고 야무지지 못해서 그런 것이다.

한편 눈 사이가 좁은 사람은 신경질적으로 보인다. 여성의 경우에는 아무래도 섹시한 이미지가 약하다.

POINT

눈이 얼굴의 구심이기 때문에 힘 있는 눈은 사람을 끄는 매력이 있다. 그러나 눈에서 힘이 느껴진다고 해서 꼭 성격이 좋은 건 아니다. 자칫 좋지 않은 힘, 수상쩍은 기운이 어린 눈에 사로잡히면 끝없는 나락으로 떨어질 수도 있다.

눈초리가 매서운 사람을 경계하라

조직폭력배 영화에 출연하는 배우들은 스크린 상에서 하나같이 눈빛이 매섭다. 그중에서도 악역 배우들은 흉악한 캐릭터를 사실감 있게 표현하기 위해 심혈을 기울이고, 그것에 배우로서의 가능성을 건다.

악역은 눈빛이 매서워야 한다. 악역 배우를 보고 진짜 조직폭력배보다 무섭다고 말하는 사람도 있는데, 말도 안 되는 소리다. 정말로 그렇게 생각한다면 안목이이나 인식이 얕다는 증거다.

악역 배우와 조직폭력배를 나란히 놓고 보면, 눈초리가 하늘과 땅만큼이나 다르다는 걸 알 수 있다. 진짜 조직폭력배의 눈을 보지 못해서 그런 한가한 소리를 하는 것이다.

조직폭력배는 보통 사람들과 눈초리부터 다르다. 그들의 눈초리가 매서운 이유는 눈에 사악한 기운이 어려 있기 때문이다. 지금은 이 세상 사람이 아닌 어느 거물 폭력배 두목의 얼굴은 실로 무시무시했다. 얼굴 전체에 사악한 기운이 가득했다.

여기서 말하는 '기운' 이란 그 사람의 인간성에서 나오는 아우라를 말한다. 사악한 기운은 사람들을 악의적으로 속이거나 곤경에 빠뜨리는 악인의 눈에 저절로 나타난다.

돈이 아쉬운 사람을 속여서 빚 지옥에 몰아넣거나, 여자인 경우에는 유흥업소에 팔아넘겨 골수까지 빼먹는 악덕 사채업자들의 얼굴에서는 사악한 기운이 뿜어져나온다.

손님을 꾀어 바가지를 씌우고 현금과 카드를 뺏은 뒤 옷까지 홀딱 벗겨 겨울철 길바닥에 내동댕이치는 악덕 유흥업소 종업원도 마찬가지다. 그들의 눈에도 사악한 기운이 가득하다.

이런 눈을 가진 사람은 일반 사회에서는 찾아보기 어렵지만, 어둠의 세계에서는 그리 드물지 않다. 인생 수행이나 인간학 공부를 위해서는 가끔 보는 것도 나쁘지 않지만, 그런 사람에게는 되도록 접근하지 않는 것이 안전하다.

POINT

조직폭력배는 보통 사람들과 눈초리부터 다르다. 그들의 눈초리가 매서운 이유는 눈에 사악한 기운이 어려 있기 때문이다. 사악한 기운은 사람들을 악의적으로 속이거나 곤경에 빠뜨리는 악인의 눈에 저절로 나타난다.

눈짓이 잦은 사람에게는 마음을 열지 마라

서양 사람들은 다양한 표정을 통해 자신의 의사나 감정을 전달한다. 반면에 동양인은 노골적인 표정 연출을 좋아하지 않는다. 서구 문화의 영향 속에서도 유독 표정에 관해서는 여전히 보수적인 것 같다.

눈으로 의사를 전달하는 방식이 눈짓인데, 예로부터 동양인은 이것을 품위 없는 행동으로 여겨왔다.

눈짓이 잦은 사람은 어떤 성격과 인간성을 가졌을까? 한마디로 전략가라 할 수 있다.

언제나 계산을 깔고 말하는 사람이 있다. 목적을 위해서는 거짓말도 서슴지 않는다. 이런 사람은 누군가에게 전략상의 거짓말을 할 때 다른 사람과 눈이 마주치면 몰래 '지금 한 말은 거짓말이다' 라는 눈짓 신호를 보낸다.

그러니 눈짓이 잦은 사람은 전면적으로 신뢰하지 않는 것이 좋다. 당신에게 거짓말을 하지 않으리란 보장이 없기 때문이다.

눈짓뿐만 아니라 얼굴 한쪽을 움직여 의사나 감정을 표현하는 사람도 있다. 이런 사람 중에는 방심할 수 없는 책략가가 많다.

POINT

눈짓이 잦은 사람은 전면적으로 신뢰하지 않는 것이 좋다. 당신에게 거짓말을 하지 않으리란 보장이 없기 때문이다. 또한 눈짓뿐만 아니라 얼굴 한쪽을 움직여 의사나 감정을 표현하는 사람 중에는 방심할 수 없는 책략가가 많다.

눈이 큰 사람과 작은 사람 가운데 악인은 누구?

눈이 큰 사람과 작은 사람을 비교해보면 어떤 성격 차이가 있을까? 심리학에서는 눈이 큰 사람일수록 감정 표현이 풍부하다고 한다. 눈이 큰 사람은 성격이 밝고 부드러우며, 솔직하게 감정을 드러내는 사람이 많다.

한편 눈이 작고 가느다란 사람은 물리적으로 감정 표현이 어렵다. 그것이 표현 부족으로 이어진다.

사실 눈이 작다고 해서 감정이 풍부하지 않는 것은 아니다. 표현이 서툴거나 소박할 뿐, 눈이 작은 사람들도 다른 방법을 통해 자신의 생각이나 감정을 나타낸다.

그에 비해 눈에 감정을 드러내는 사람의 성격이 꼭 좋은 것도 아니다. 또한 감정을 직접적으로 표현한다고 해서 꼭 정직한 것도 아니다. 눈이 큰 사람도 아무렇지 않게 거짓말을 한다. 그러니 눈이 큰 사람은 정직하고 눈이 작은 사람은 속을 알 수 없는 불투명한 사람이라고 잘라 말하기는 어렵다. 악인은 눈의 크기만 가지고 알 수 없다.

한편, 눈동자가 커서 눈이 까맣게 보이는 사람은 귀여운 인상을 준다. 반대로 눈동자가 작아서 흰자위가 많이 드러나는 사람은 독하고 차가운 인상을 준다. 왜 이런 차이가 생기는 걸까?

사람들은 화가 나면 저절로 눈을 부라리게 되는데, 이때 흰자위가 많이 노출된다. 그래서 흰자위가 많이 드러나는 눈은 화를 내거나 노려볼 때처럼 고약하고 독해 보인다.

'백안시(白眼視)'라는 말이 있는데, 업신여기거나 냉대하며 흘겨본다는 뜻이다. 말하자면 흰자위가 많이 드러나는 눈은 바람직하지 않다고 할 수 있다.

연기를 할 때 늘 안약을 사용하는 여배우가 있다. 흰자위의 충혈을 가라앉히고 눈동자가 돋보이는 매력적인 눈을 연출하기 위해서인 것 같다. 눈동자가 크고 흰자위가 맑고 깨끗한 여성은 아름답고 섹시해 보인다.

그래서 눈동자가 크고 선명한 눈이 매력적이라고 하는데, 이것은 흰자위가 아름다워서 눈동자를 한층 돋보이게 해주기 때문이다.

한편 눈동자가 작고 흰자위가 많이 드러나는 눈은 요염한 매력을 풍기는데, 눈에 맑고 투명한 흰빛이 많이 감돌기 때문이다.

POINT

눈이 큰 사람도 아무렇지 않게 거짓말을 한다. 그러니 눈이 큰 사람은 정직하고 눈이 작은 사람은 속을 알 수 없는 불투명한 사람이라고 잘라 말하기는 어렵다. 악인은 눈의 크기만 가지고 알 수 없다.

초식동물 눈과 육식동물 눈의 차이

작고한 인기 작가 모로이 가오루 씨의 수필에 스모 선수인 다카노 후지에 관한 이야기가 나온다.

다카노 후지는 키가 190센티미터가 넘는 거구의 씨름꾼으로서, 당시의 무적 요코즈나(스모 선수의 최고 자리-옮긴이)였던 지요노 후지와 같은 도장 출신이었다. 그는 장래가 촉망되는 스모 선수였으나, 고무스비(스모 선수 등급의 하나. 요코즈나, 오제키, 세키와케에 이은 등급-옮긴이)에 오르는 데 그쳤다. 덩치가 작은 지요노 후지나 호쿠토우미가 씨름판에 입장할 때 선도를 맡거나 칼을 들고 뒤따르는 조연 역할에 만족해야 했던 것이다.

그런 다카노 후지가 싸움에 져서 씨름판 아래 벌러덩 나자빠졌을 때의 눈을 보고 모로이 씨는 "바로 초식동물의 눈이다"고 느꼈다고 한다. 그런 눈을 가진 남자는 마음이 여리고 착해서 출세할 가망이 없다는 것이다.

모로이 씨의 말처럼 다카노 후지의 눈은 동글동글하고 말의 눈처럼 순해 보인다.

그 후 다카노 후지는 스모 선수를 그만두고 프로 레슬러로 변신했다. 그리고 몇 년 전부터는 스모의 진검승부를 비롯해 온갖 스포츠 기술을 뒤섞어놓은 종합 격투기 대회인 프라이드 FC에도 진출했다. 2001년 연말에는 입식 격투기 대회인 K-1의 선수와 싸워 예상을 뒤집는 역전승을 거두며 기량을 과시하기도 했다. 그러나 이후 침체의 늪에서 벗어나지 못하고 있다.

서양인 중에는 초식동물의 눈을 가진 사람이 드물다. 한편 암 표범처럼 야성적인 눈을 가진 여성들이 있다. 뱀파이어 역할 같은 걸 맡으면 제격일 것 같은 눈이다.

이렇게 서양인 중에 암 표범 같은 눈을 가진 여성이 있는 이유는 2천 년 넘게 내려온 육식 풍습 덕분이다. 동양 여성 중에는 그런 눈을 가진 사람을 찾기 어렵다.

POINT

서양인 중에는 초식동물의 눈을 가진 사람이 드물다. 한편 암 표범처럼 야성적인 눈을 가진 여성들이 있다. 2천 년 넘게 내려온 육식 풍습 덕분이다. 반면 초식동물의 눈을 가진 남자는 마음이 여리고 착해서 출세할 가망이 희박하다.

코가 높은 사람은 정말 거만할까?

코가 높은 사람은 자기주장이 분명하다. 심리학에서는 자신의 판단에 대해 확신이 강하고 다소 자신감 과잉인 사람도 있다고 말한다.

보통 거만한 사람을 두고 '콧대가 높다' 고 표현한다. 그런 사람을 흉볼 때에는 한 손을 가볍게 쥐고 코끝에 가져가서는 "그 사람, 요즘 이러고 다녀" 하고 빈정대는 투로 말하기도 한다. 아무래도 그다지 유쾌한 제스처는 아닌 것 같다.

반대로 체면 구기는 행동을 했을 때 '콧대가 납작해졌다' 는 표현을 쓴다.

코가 높은 사람은 자신감이 강하지만, 그 때문에 자기 오류에 빠지기도 한다.

요컨대 자신감이 과한 탓에 진짜와 가짜를 가려내는 안목이 녹슬어 판단을 그르치는 수가 있다. 매사에 자신감이 넘치는 사람이다 보니 주위에서 잘못이나 결점을 바로잡아주지 않는 것도 실수를 자초하는 원인이다.

반면에 코가 낮은 사람은 대개 자기주장을 별로 하지 않고, 공을 독차지하거나 남의 공을 가로채지 않는다. 남보다 튀려고 애쓰지 않고 주변 사람들과 잘 어울린다. 조직 구성원으로 적합한 타입이다.

과거에는 백인의 높은 코를 부러워하는 풍조가 강했으나 오늘날은 다르다. 특히 여성들 사이에서는 오히려 자그마한 얼굴에 작고 모양 좋은 코를 선호하는 경향이 강하다.

현대 사회에서 작은 코가 인기 있는 이유가, 전투나 경쟁 대신 평화와 화합을 바라는 사람들이 늘고 있기 때문일은 아닐까?

POINT

코가 높은 사람은 자신감이 강하지만, 그 때문에 자기 오류에 빠지기도 한다. 요컨대 자신감이 과한 탓에 진짜와 가짜를 가려내는 안목이 녹슬어 판단을 그르치는 수가 있다. 매사에 자신감이 넘치는 사람이다 보니 주위에서 잘못이나 결점을 바로잡아주지 않는 것도 실수를 자초하는 원인이다.

인중이 긴 사람이야말로 진정한 호색꾼?

예로부터 인중이 긴 사람은 여색을 밝힌다고 했다. 이런 시각은 알게 모르게 사람들 사이에서 상식으로 통한다. 여자만 보면 사족을 못 쓰고 헤죽대는 사람들을 '긴 인중족' 이라고 부르기도 한다.

작고한 K씨는 포르노 소설로 일세를 풍미했다. 작품 세계뿐만 아니라 실생활에서도 호색꾼으로 이름을 날렸는데, 편견이 개입된 탓인지 몰라도 생전에 인중이 약간 길었다.

불륜 소설의 대가인 W씨도 인중이 길다. 게다가 윗입술이 얇고 입 꼬리가 살짝 올라가서 여자깨나 좋아할 것 같은 인상이다. 입 꼬리가 들려 올라간 남자는 눈웃음을 치는 듯이 보여서 칠칠치 못한 인상을 준다. 그래서 호색꾼처럼 보이기도 한다.

인중이 길면 정말로 여자를 밝히는 야한 사람일까?

관상학에서는 인중이 길고 뚜렷하면 좋은 집안에서 성장한 인품 높은 사람이라고 한다. 또한 건강하고 정력과 활력이 넘친다고 한다. 이런 평가는 인중이 길면 호색꾼이라는 속설이 생겨나는 데 한몫했다.

인중은 길지만 뚜렷하지 않은 사람도 있다. 이런 사람은 보통 윗입술이 얇다.

그런데 요즘 젊은이들을 보면 과거에 비해 인중이 짧아진 것 같다.

POINT

관상학에서는 인중이 길고 뚜렷하면 좋은 집안에서 성장한 인품 높은 사람이라고 한다. 또한 건강하고 정력과 활력이 넘친다고 한다. 이런 평가는 인중이 길면 호색꾼이라는 속설이 생겨나는 데 한몫했다.

욕심 많은 사람은 입 모양을 보면 안다

입은 많은 역할을 한다. 음식을 먹고 마시는가 하면 성행위에도 사용된다.

말로 표현하지 않아도 입에는 그 사람의 생각이나 감정이 저절로 나타난다. 또한 입 모양은 생각이나 감정을 다분히 의식적으로 상대방에게 전달하기도 한다.

요컨대 입은 바로 그 사람이라고 할 수 있다. 식욕이나 성욕은 본능에 속한다.

관상학에서는 본능적인 욕망이 얼마나 강한지 그 사람의 입을 보면 알 수 있다고 한다. 그래서 입매가 야무지지 못하면 성적인 것을 포함해 모든 면에서 칠칠치 못한 사람으로 여긴다.

또한 입술이 두꺼운 사람은 정이 많고, 입술이 얇은 사람은 차갑고 매정하다고도 한다.

입이 큰 사람은 생활력이 강해서 돈 걱정 없이 오래 산다고 한다. 다만 입이 큰 만큼 재물이 잘 흩어진다. 입이 큰 여성은 별로 가정적이지 않고, 남자를 밝힌다. 반대로 입이 작으면 욕심이 적고 소극적이며, 남에게 쉽게 의존하고 생활력도 약하다.

입은 자기주장이나 커뮤니케이션의 도구로서도 중요하다. 자기주장을 잘하는 사람도 있고, 자기주장을 못해서 혼자 속을 끓이는 사람도 있고, 자기주장을 하지 않는 것을 모토로 삼는 사람도 있다. 그런 성격이나 가치관이 입 모양에 영향을 미친다.

그리고 자기주장이 서툴러서 하고 싶은 말도 못하고 꾹 참으면 입꼬리가 여덟팔 자 모양으로 처진다.

관상학에서는 입술의 두께는 인정을 나타낸다고 본다. 입술이 얇은 사람은 대개 성격이 단백하고 산뜻하지만, 인정스럽지 못하다. 인간적으로 가볍고 요령도 좋다. 경솔한 면도 있지만 대체로 계산이 빠르다.

일반적으로 윗입술이 얇은 사람은 매정하고, 아랫입술까지 얇으면 더 그렇다. 위아래 입술 모두 얇은 사람 중에는 수다쟁이가 많은데, 말이 많아서 더 한층 매정해 보인다.

한편 입술이 두툼한 사람은 인정이 많다. 사람을 대할 때에도 타산적이지 않고, 인정에 이끌려 행동하는 경향이 있다.

윗입술은 타인에 대한 애정과 지성의 깊이를 나타내고, 아랫입술은 타인에게 받는 애정과 성적 욕망을 나타낸다는 견해도 있다. 윗입술과 아랫입술의 균형에 따라 욕망이 조절되고, 그것이 애정이나 성생활에 반영된다.

위아래 입술 모두 두꺼운 여성은 정이 많고 성감도 좋다. 남성들이 도톰하고 탐스러운 입술을 가진 여성을 좋아하기 때문에 그렇게 말하는지도 모르겠다.

POINT

입이 큰 사람은 생활력이 강해서 돈 걱정 없이 오래 산다고 한다. 다만 입이 큰 만큼 재물이 잘 흩어진다. 반대로 입이 작으면 욕심이 적고 소극적이며, 남에게 쉽게 의존하고 생활력도 약하다고 한다.

입이 튀어나온 사람은 요주의

알맞게 도톰한 입술은 보기 좋고, 관상학에서도 운이 좋다고 한다.

그렇다면 그 변형은 어떨까? 이를테면 입이 도널드덕처럼 생긴 사람이 있다. 위아래 입술 모두 두껍고 약간 튀어나왔다. 마치 디즈니 영화의 도널드덕 입처럼 생겼다.

이런 타입은 매사에 따지기 좋아하고 고집이 세며 타산적이다. 어려서부터 그랬을 것이다. 부모님이 앞뒤 안 맞는 말을 하거나 납득할 수 없는 행동을 하면 끈질기게 따지고 불평을 해댔을지도 모른다. 아무리 자신이 옳다고 생각해도 그렇게 바득바득 우기는 건 좋지 않다, 그렇게 허구한 날 불평만 늘어놓으면 입이 튀어나올 거다, 그리고 그런 식의 핀잔을 듣고 자랐을 수도 있다.

그러다가 어른이 되면서 좀 나아진다. 사람들 앞에서 너무 자기주장만 내세우지 않으려고 노력하게 되고, 그런 성질도 어지간히 수그러든다. 하지만 타고난 성격은 변하지 않는 법이므로, 언제나 뒤에서 불평불만을 터뜨린다.

둥근 얼굴에 도널드덕처럼 입술이 튀어나오고 동안(童顔)이면 사람들에게 친근감을 준다. 그래서 사람들은 쉽게 방심하게 되는데, 논리적이고 따지기 좋아하는 성격이므로 만만하게 보다가는 큰코다치기 십상이다.

반면, 입이 도널드덕처럼 튀어나온 사람은 그래도 괜찮다. 적어도 겸손하거나 겸손을 가장할 줄 아는 미덕을 지녔다. 하지만 얄밉게 튀어나온 '투덜이 입' 을 가진 사람은 대놓고 자기주장을 한다. 뭐든 자기 고집대로 해야 하고, 하나에서 열까지 마땅치 않게 여기고, 도무지 만족이란 걸 모른다.

그러니 도널드덕 입보다 더 튀어나올 수밖에 없는 것이다. 하지만 정작 본인은 왜 투덜이 입이 되었는지 알지 못하며, 그렇게 미운 입매를 가지고도 세상 부끄러운 줄을 모른다.

기질이 격한 사람은 입술이 비뚤어지기도 한다. 유명한 여성 정치인 중에도 그런 사람이 있는데, 이런 타입이 권력을 쥐면 주변 사람들이 괴롭다. 기고만장해서 사람들을 못살게 구니 가까이하지 않기를 권한다.

POINT

둥근 얼굴에 도널드덕처럼 입술이 튀어나오고 동안(童顔)이면 사람들에게 친근감을 준다. 그래서 사람들은 쉽게 방심하게 되는데, 논리적이고 따지기 좋아하는 성격이므로 만만하게 보다가는 큰코다치기 십상이다.

입매가 여덟팔 자인 사람의 성향은?

입매가 여덟팔(八) 자처럼 생긴 사람이 있다. 와신상담하며 열심히 살아온 사람들 가운데 이런 입매를 가진 사람이 많다. 이를 악물고 참았다는 표현을 흔히 쓰는데, 실제로 힘든 일을 견디며 노력할 때 사람들은 이를 꽉 깨문다. 그리고 오랫동안 그렇게 지내다 보면 입이 여덟팔 자 모양이 되기도 한다.

입 꼬리가 극단적으로 처진 입술은 파란만장한 인생 역정이나 강인한 의지를 보여준다. 옛날 군인들의 사진을 보면 하나같이 입 꼬리가 처져 있다. 강단 있는 야무진 입이다.

소설 《네무리 교시로》의 저자로 잘 알려진 시바타 렌자부로 씨는 멋진 여덟팔 자 입을 가졌는데, 생전에 주간지 인터뷰에서 이런 말을 했다.

"네무리 교시로처럼 검 하나에 목숨을 걸고, 엄중하고 긴장된 삶을 살아온 허무주의자는 입매가 여덟팔 자 모양으로 변합니다. 나 역시 그런 마음가짐으로 지금과 같은 입매를 만들어왔어요."

사실 원작 소설의 '네무리 교시로'는 영화나 드라마에서만큼 허무주의적인 인물이 아니다. 다분히 각본을 쓴 사람에 의해 만들어진 캐릭터이다.

시바타 씨는 네무리 교시로의 대중적 이미지에 입각해 이런 말을 했는지도 모르겠다.

여덟팔 자 입매는 의지의 소산이라고 하는데, 맞는 말이다. 그러나 입 꼬리가 처진 입술은 늙어 보이기 때문에 최근에는 특히 젊은 여성들 사이에서 싫어하는 사람이 많다.

POINT

입 꼬리가 극단적으로 처진 입술은 파란만장한 인생 역정이나 강인한 의지를 보여준다. 옛날 군인들의 사진을 보면 하나같이 입 꼬리가 처져 있다. 강단 있는 야무진 입이다.

변형된 여덟팔 자 입매의 성격은?

한쪽 입 꼬리가 더 많이 처진 변형 여덟팔 자 입매도 있다. 이런 입매를 가진 사람은 완고하고 참을성이 강하지만, 동시에 심술궂어 보이기도 한다.

이런 타입은 함께 있으면 피곤하다. 오른쪽으로 갈 것인지 왼쪽으로 갈 것인지 의견이 갈릴 때에도 절대 자신의 주장을 꺾지 않는다.

자신의 의견을 고집하지 않는 사람도 더러 있지만, 그렇다고 해서 타인의 의견에 찬성하는 것은 아니다. 다른 사람이 의견을 내놓으면 처진 한쪽 입 꼬리를 더 내려뜨리며 빈정대듯이 웃는다.

그러고는 나중에 다른 이야기를 하고 있을 때 슬그머니 자기 의견을 말한다. 그것도 몹시 꼬이고 끈덕진 말투이다. 정말이지 정신적으로 아주 피곤한 타입이다.

미용 전문가들은 입 꼬리가 올라간 입술을 두고 젊음의 상징이라고 말한다. 한 여성지는 입 꼬리가 올라간 미인에 관해 특집 기사를 실기도 했다.

왜 입 꼬리가 멋지게 올라간 그런 입이 존재하는 것일까? 모르긴 해도 윗입술이 얇은 것과 관계가 있는 것 같다. 물리적으로 위아래 입술 모두 적당한 두께를 가지고 있으면 입 꼬리가 과도하게 들려 올라가기는 어렵다.

입술이 얇은 사람이 무리하게 입 꼬리를 올리면 원숭이 입처럼 우스꽝스럽게 보인다.

입 꼬리가 올라간 남성은 야무지지 못한 인상을 주기 때문에 여자를 밝히는 사람처럼 보이기도 한다.

POINT

변형된 여덟팔 자 입매를 가진 사람은 완고하고 참을성이 강하지만, 동시에 심술궂어 보이기도 한다. 이런 타입은 함께 있으면 피곤하다. 오른쪽으로 갈 것인지 왼쪽으로 갈 것인지 의견이 갈릴 때에도 절대 자신의 주장을 꺾지 않는다.

거짓말 할 때는 거짓말쟁이 입매가 된다

거짓말쟁이 특유의 입매란 게 있을까? 그런 입 모양은 없는 것 같고, 정의 내리기도 어렵다. 그러나 사람들은 누군가 거짓말을 하면 꽤 정확하게 집어낸다. 논리적으로 설명하기는 어렵지만 눈치를 채게 된다.

왜 그럴까? 그것은 거짓말을 할 때에 사람들은 거짓말쟁이의 입매와 입의 움직임을 보이기 때문이다. 관상학에 따르면 말할 때 입꼬리가 쉴 새 없이 올라갔다 내려갔다 하는 사람은 대개 거짓말쟁이다. 위아래 입술이 약간 튀어나오고 살아 있는 생물처럼 마구 움직이는 것도 거짓말을 할 때의 전형적인 입 모양 가운데 하나다.

이것은 범죄자가 거짓말 할 때의 모습을 보면 잘 알 수 있다.

범죄자가 체포되기 전에 텔레비전 취재에 응해 거짓말을 할 때 보면 거짓말쟁이의 입매를 하고 있다. 다른 장면에서 거짓말을 할 필요가 없거나 거짓말을 하지 않을 때의 입놀림을 관찰하면 거짓말 할 때의 입매와 다르며, 그래서 알 수 있는 것이다.

또한, 중년 이후에 입 언저리가 일그러지는 사람이 적지 않다.

왜 입가가 일그러지는 걸까? 남성의 경우에는 녹록치 않은 삶의 이력이 배어나서 그런 경우가 많다. 경쟁 사회에서 살아남기 위해 체득한 교활함과 비겁함, 남을 짓밟더라도 출세하고 말겠다는 욕망, 역경을 참고 이겨낸 강인함이 일그러진 입매를 만든 것이다.

그러니 입 모양이 뒤틀렸다고 해서 바탕이 나쁜 사람이라고 비난할 수는 없다. 일그러진 입매는 정신세계를 훼손해온 증거이기 때문이다.

여성들 중에는 중년에 접어든 순간 외모가 망가지는 사람이 적지 않은데, 일그러진 입매가 그 직간접적인 원인이 되기도 한다.

POINT

말할 때 입 꼬리가 쉴 새 없이 올라갔다 내려갔다 하는 사람은 대개 거짓말쟁이다. 위아래 입술이 약간 튀어나오고 살아 있는 생물처럼 마구 움직이는 것도 거짓말을 할 때의 전형적인 입 모양 가운데 하나다.

남자를 부르는 탐스런 입술

남자들은 소피마르소처럼 도톰하고 탐스런 입술을 가진 여성에게 끌린다. 이른바 여성적인 매력이 물씬 풍기는 입술이다. 왕년의 인기 여배우도 탐스런 입술을 가진 미인들이었다.

남자들이 탐스런 입술을 좋아하는 이유는 그것이 바로 여성 호르몬의 상징이기 때문이다. 이런 육감적인 입술에서는 여성의 페로몬이 풍긴다.

여자의 탐스런 입술은 여성 호르몬의 분비가 왕성하다는 것을 보여준다.

여성과 남성의 얼굴 생김을 비교해보면 기본적으로 가장 다른 부분이 입술이다. 여성스러운 입술을 가진 남성의 얼굴은 어딘지 모르게 불쾌감을 불러일으킨다. 여성의 이미지가 연상되어서 그런 것 같다.

영리한 게이나 여장 남자들은 화장을 통해 육감적인 입술을 연출하기도 한다. 그러니 게이바 같은 데서 호모들의 탐스런 입술에 마음을 빼앗기지 않도록 주의하기 바란다.

한편, 일본 전설에 나오는 상상의 동물인 갓파(河童, 물속에 산다는 귀여운 일본 요괴)처럼 입술이 얇고 입 꼬리가 심하게 처진 사람이 있다. 이렇게 생긴 사람은 보통 인중도 길다.

수다스러운 사람에게서 흔히 볼 수 있는 입매다.

방송 리포터 중에도 이런 타입이 있다. 어떤 내용을 취재하든 능란하게 말을 잘한다. 참사를 전할 때에는 정말로 억장이 무너지듯이 감정을 듬뿍 실어 말하지만, 그렇게 쉴 새 없이 떠들어댄다는 자체가 냉정하다는 증거다.

마음에도 없는 일반론만 주워섬기니까 더욱 매정하고 타산적인 성격이 되는 것이다.

이런 입매를 가진 사람은 특히 조심해야 한다. 말을 잘하기 때문에 싹싹하고 붙임성 있는 사람처럼 보이지만, 의외로 인정머리 없고 차가운 사람이 많다.

POINT

남자들이 탐스런 입술을 좋아하는 이유는 그것이 바로 여성 호르몬의 상징이기 때문이다. 이런 육감적인 입술에서는 여성의 페로몬이 풍긴다. 즉 여자의 탐스런 입술은 여성 호르몬의 분비가 왕성하다는 것을 보여준다.

수다쟁이와 뻐드렁니의 상관관계

뻐드렁니 연예인들은 입담이 뛰어나다.

당대 최고의 토크쇼 MC 한 분은 방송 시작 전 분장실에서도 특유의 말발로 출연자나 스태프들을 웃기고, 사석에서도 지칠 줄 모르고 끊임없이 떠들어댄다고 하니 토크의 천재라기보다 수다의 괴물에 가깝다.

여기서 수다쟁이는 뻐드렁니가 되기 쉽다는 가설이 제기된다. 몇십 년간 잠자는 시간만 빼고 줄곧 떠들어댄 결과 치아가 돌출된 건 아닐까?

치과 의사에게 문의했더니 수다쟁이와 뻐드렁니는 직접적인 관계가 없다고 한다. 뻐드렁니는 유전적인 영향 외에도 '입 호흡' 습관의 영향이 크다는 대답이었다.

입 호흡이란 말 그대로 입으로 숨을 쉬는 것이다. 일반적으로 동물은 숨을 쉴 때 코만 사용하지만 인간은 입으로도 호흡을 한다.

입 호흡 습관이 있으면, 날숨에 의해 윗니가 압박을 받아서 치아가 바깥쪽으로 기울기 때문에 뻐드렁니가 되는 것이다.

구강외과 전문의에 따르면, 인간은 음식을 삼킬 때 입술을 닫아 구강 내의 압력이 낮춘다고 한다.

그런데 입 호흡을 하는 사람은 입을 벌리고 숨을 쉬어야 하기 때문에 입술을 닫는 대신 혀로 윗니와 아랫니를 막아서 압력을 낮춘다. 이때 치아에는 40~60그램의 혀의 압력이 가해진다고 한다.

사람의 씹는 힘은 매우 강해서 음식을 씹을 때에는 20킬로그램 남짓의 압력이 치아에 가해진다. 치아는 세로 방향에서 가해지는 힘에 대해서는 50킬로그램 정도까지 견딜 수 있지만, 가로 방향에서 가해지는 힘에는 아주 약하다. 불과 20그램의 힘이라도 가로 방향에서 계속해서 압박을 받으면 치아가 조금씩 튀어나오면서 뻐드렁니가 될 수 있다는 말이다.

뻐드렁니와 수다쟁이의 관계로 돌아가자. 결국 쉴 새 없이 떠들어대다 보면 입 호흡을 해야 하는 경우도 생기기 때문에 뻐드렁니와 수다쟁이는 관련이 있다.

POINT

입 호흡 습관이 있으면, 날숨에 의해 윗니가 압박을 받아서 치아가 바깥쪽으로 기울기 때문에 뻐드렁니가 된다. 쉴 새 없이 떠들어대면 입 호흡을 해야 하는 경우도 생기기 때문에 뻐드렁니와 수다쟁이는 관련이 있다.

2 얼굴을 통해 엿볼 수 있는 악인의 삶

나쁜 짓 하는 사람끼리 닮아가는 이유?

세상에는 월급쟁이 얼굴이란 게 있다. 은행원 얼굴도 있고, 공무원 얼굴도 있다.

일반 사회뿐만이 아니라 암흑세계에서도 마찬가지다. 조직폭력배는 조직폭력배의 얼굴, 소매치기는 소매치기의 얼굴, 유흥업소 종업원은 유흥업소 종업원의 얼굴, 술집 아가씨는 술집 아가씨의 얼굴, 사채업자는 사채업자의 얼굴을 하고 있다.

직업이나 직종이 같은 사람들은 얼굴도 비슷비슷해지는데, 왜 그럴까?

아마도 직업이 표정을 형성하는 측면이 있어서 그런 것 같다. 비슷한 일을 하고 비슷한 생각을 하는 것이 표정에 영향을 미치는 것이다.

나쁜 일을 꾸미고 사람들을 속여 넘길 생각만 하는 악인들의 얼굴도 서로 닮아간다.

또한 동업자들 사이에는 냄새나 체취가 비슷해지기도 한다. 유유

상종인 셈이다. 그래서 평범한 직장인과 조직폭력배는 표정과 얼굴 생김이 같을 수 없다.

POINT

비슷한 일을 하고 비슷한 생각을 하는 것이 표정에 영향을 미친다. 나쁜 일을 꾸미고 사람들을 속여 넘길 생각만 하는 악인들의 얼굴은 서로 닮아간다. 그래서 평범한 직장인과 조직폭력배는 표정과 얼굴 생김이 같을 수 없다.

사람 관리는 곧 인상 관리

정치계는 인상 나쁜 사람들의 소굴 같다. 연륜이 느껴지는 중후한 얼굴을 가진 정치가는 정말이지 찾아보기 어렵다. 어둠의 세계에나 있을 법한 험악한 인상의 정치가도 더러 있다.

그렇다면 왜 정치가 중에는 인상이 고약한 사람이 많을까? 허구한 날 권력 다툼만 해대서 그럴 것이다. 그들은 수라 세계의 사람들이다.

금전이나 이권에 대한 지나친 욕심이나 집착도 인상을 천하게 만든다. 그들은 아귀 같은 사람들이기도 하다.

더욱이 국회의원입네 거들먹거리고 다니면서 뒤로 폭력 조직과 내통하는 정치가도 적지 않다고 한다. 본래 어둠의 세계에 있어야 할 사람인데, 이유는 잘 모르겠지만 밝은 세상에 나와서 존경받으며 살아간다. 이런 사람들과 맞서 싸워야 할 때도 있을 테니 착실한 정치가들도 참 고달플 것이다.

이런 사람들을 가까이하면 사고와 인간성은 물론 얼굴까지 비슷해진다. 그래선지 평범한 직장인이면서 인상이 험악한 사람들이 간혹 있다. 성실하게 살았다면 절대로 그런 인상을 가질 수 없었을 텐데 말이다.

그런가 하면 텔레비전 MC들 가운데 인기를 얻으면서 인상이 고약해지는 사람이 있는데, 왜 그럴까? 아마 권력을 쥐면서 오만해져서 그럴 것이다. 이런 사람은 텔레비전 화면에서는 생글거리며 시청자들의 비위를 맞추지만, 뒤에서는 심하게 잘난 체하고 스태프들에게 신경질을 피우며 호통을 친다.

이런 이중성은 언젠가는 들통나게 마련이다. 사람 좋은 웃음을 지으며 내숭을 떨다가도 언뜻언뜻 본성을 내비치게 될 테고, 시청자들은 그 순간을 놓치지 않는다. 그래서 누구누구는 최근 들어 인상이 나빠졌다느니 하는 이야기가 떠돌게 된다.

정작 본인은 그 사실을 알아채지 못하지만 말이다.

POINT

인상이 나쁜 사람과 가까이하면 사고와 인간성은 물론 얼굴까지 비슷해진다. 그래선지 평범한 직장인이면서 인상이 험악한 사람들이 간혹 있다. 성실하게 살았다면 절대로 그런 인상을 가질 수 없다.

마흔에 다시 태어나는 내 얼굴

미국의 16대 대통령 링컨은 “남자는 마흔 살이 되면 자신의 얼굴에 책임을 져야 한다”고 말했다. 평론가 O씨도 “남자의 얼굴은 이력서, 여자의 얼굴은 청구서”라는 유명한 말을 남겼다.

‘남자의 얼굴은 이력서’란 말은 링컨의 말과 맥락을 같이한다. 마흔 살 이후에는 그 사람의 살아온 인생이 얼굴에 고스란히 나타난다. 그래서 얼굴은 그 사람의 이력서이고, 얼굴에 책임을 지라는 뜻일 것이다.

사실 이 마흔 살이라는 기준은 유전자에 바탕을 두고 있다. 유전자의 존재를 몰랐던 시대, 링컨의 혜안이 놀랍기만 하다. 인간의 유전자는 마흔 살까지는 유효하게 작동하지만 그 후에는 점차 효력을 상실한다. 유전자의 구속에서 풀려나는 것이다.

마흔 살 이전의 얼굴 생김새는 부모에게 물려받은 유전자에 따르고, 유전자의 구속을 받는다. 그래서 태어날 때부터 얼굴이 잘생긴 남자는 미남이고, 예쁜 여자는 미녀다.

40%

그런데 마흔을 경계로 유전자의 효력이 사라지면 어떻게 될까? 생활 습관이나 마음가짐, 환경 등이 큰 힘을 갖게 된다.

그래서 나이가 들어 얼굴이 참혹하게 망가지는 미남미녀들이 많다. 반대로 타고난 미남미녀는 아니지만 고상하고 중후해지는 사람도 있다.

나이와 함께 그 사람의 인간성이 얼굴에 여실히 드러난다. 인상이 고약한 노인은 어쩔 도리가 없으며 무섭기까지 하다. 그런 노인은 아무리 번지르르한 말을 해도 신용할 수 없고, 딱한 생각만 드는 법이다.

POINT

인간의 유전자는 마흔 살까지는 유효하게 작동하지만 그 후에는 점차 효력을 상실한다. 마흔 살 이전의 얼굴 생김새는 부모에게 물려받은 유전자에 따르고 유전자의 구속을 받지만, 그 후부터는 생활 습관이나 마음가짐, 환경 등이 큰 힘을 갖게 된다.

마흔 이후 여자의 외모는 누구 책임?

마흔 살 이후에 대부분의 여성들은 외모가 망가지는데, 왜 그럴까?

남성들은 그런 경향이 덜하며 개인차가 크다. 나이가 들수록 멋있고 중후해지는 사람도 있고 인상이 고약해지는 사람도 있다.

남성들은 대부분 사회생활을 하기 때문에 그렇다. 직장에서 겪는 온갖 일이며 인간관계가 얼굴에 흔적을 남기는 것이다.

한편 여성들 중에는 집에서 살림만 하는 사람이 많다. 집안일과 가족들 뒤치다꺼리에 매달려 산다. 수십 년간 그런 평균적인 생활을 하다가 마흔을 넘기면 일률적으로 외모가 시드는 것이다.

남편의 수입이나 가족관계도 주부의 외모에 영향을 미친다. 부유하고 가족관계가 원만한 주부일수록 쉽게 늙거나 외모가 망가지지 않는다.

대개 젊어서 귀엽고 예쁜 여성들은 마흔 이후에 보기 민망할 정도로 추해진다. 젊을 때는 젊다는 것만으로 아름다운 법이니 나이가 들어 추해지는 건 어쩔 수 없다고 한다면 달리 할 말은 없다. 하지만 어쩌면 이런 여성들은 젊음을 대신할 내면의 아름다움을 가꾸는 노력을 게을리 했던 건 아닐까?

최근에는 직업적인 성공을 위해 일하는 여성들이 늘고 있다. 따라서 앞으로는 여성들도 마흔 이후의 외모에서 개인차가 커질 것이다.

POINT

여성들 중에는 집에서 살림만 하는 사람이 많다. 수십 년간 그런 평균적인 생활을 하다가 마흔을 넘기면 일률적으로 외모가 시들어버린다. 최근에는 직업적인 성공을 위해 일하는 여성들이 늘고 있기 때문에 앞으로는 여성들도 마흔 이후의 외모에서 개인차가 커질 것이다.

애처롭게 생긴 여자는 남자에게 헤프다

다구치 란디 씨의 수필집 《이제 소비조차 쾌락이 아닌 그녀에게》에는 '아이를 버리는 여자의 얼굴' 이란 제목의 글이 나온다. 울먹이듯 애처롭게 생긴 여자는 남자에게 헤프다는 내용인데, 여기서 작가는 긴자의 어느 술집 여주인에게 들었다는 이야기를 전한다. 조금 길지만 원문을 소개하겠다.

(…) 그러고 보니 '헤퍼 보이는 얼굴' 을 가진 여자가 있었다며 문득 옛일을 떠올렸다.

지금으로부터 15년쯤 전이다. 유미코라는 친구가 있었다. (…) 당시 나는 전문대학에 다니면서 긴자의 술집에서 아르바이트를 했다. 유미코는 평소 알고 지내던 사람의 극단에서 연극을 하던 여자였다. 나는 극단장의 부탁을 받고 유미코를 근처 클럽에 소개해주었다. 그런데 유미코는 아르바이트를 시작한 지 얼마 지나지 않아 그 클럽의 바텐더와 눈이 맞아버렸다. 남자에게 헤픈 여자였던 것이다. (…)

"그런 애들은 호스티스 못해요."

술집 여주인은 그렇게 말했다.

"왜 그런 거죠?"

"얼굴만 봐도 알아요. 그렇게 울먹이듯 애처롭게 생긴 여자들은 의존심이 강하거든요." (…)

"얼굴에는 그 사람의 본성이 드러나니까요."

수필에는 그 후에도 유미코의 남자관계가 복잡했다는 이야기가 나온다. 이 술집 여주인은 꽤나 사람 보는 안목이 있다. 실제로 울먹이듯 애처롭게 생긴 여자들 중에는 남자에게 헤픈 타입이 많다.

이런 여자들은 어쩌다가 울먹이듯 애처로운 표정을 짓게 되었을까? 살면서 슬픈 일을 많이 겪었거나 타고난 인상이 그럴 수도 있다.

아니면 자립심이 부족하고 인간적으로 미숙해서 그런 얼굴이 되었을 수도 있다.

개중에는 남자의 관심을 끌려고 일부러 그런 표정을 짓는 여자도 있다. 경험을 통해 울먹이듯 애처로운 표정이 남자들의 보호 본능을 자극한다는 것을 아는 것이다. 말하자면 그런 얼굴을 처세의 방편으로 삼는 여자들이다.

이런 영악한 여자들이야말로 남자들이 조심해야 할 타입이다. 하지만 울먹이듯 애처롭게 생긴 여자만 보면 남자들은 왠지 모르게 마음이 흔들린다.

남자들은 이런 타입의 여자에게 약하다. 그래서 여자가 애잔한 표정으로 바라보면 자신에게 마음이 있다고 넘겨짚고, 어떻게든 보살펴주어야 한다는 의무감과 책임감을 갖는다. 그리하여 결국 터무니없는 고생길을 자초하기도 한다.

POINT

개중에는 남자의 관심을 끌려고 일부러 그런 표정을 짓는 여자도 있다. 이런 영악한 여자들이야말로 남자들이 조심해야 할 타입이다. 하지만 울먹이듯 애처롭게 생긴 여자만 보면 남자들은 왠지 모르게 마음이 흔들린다.

분별없이 늘 웃는 여자는 인생을 모른다

어느 공개 생방송에서 보조 진행을 맡았던 왕년의 인기 여가수 이야기다. 그녀는 언제나 방송 진행에서 겉돌았다. 남자 사회자와 게스트가 주고받는 이야기에도 끼지 못하고 그저 웃고만 있었다. 어쩌면 대화에 끼려는 의욕조차 없었을지도 모른다.

프로그램 말미의 하와이 여행을 경품으로 내건 퀴즈 코너에서는 심하다 싶은 생각마저 들었다. 게스트의 대답에 맞춰 패널만 넘기면 되는 역할이었는데, 그때조차 그녀는 웃고 있었다. 웃기지도 않은데 말이다.

그녀에게는 웃음이 세상과 소통하는 유일한 방법처럼 보였다. 그런데 어쩌다가 이런 성격이 만들어졌을까?

그녀는 어려서부터 동네나 학교에서 미소녀로 평판이 자자했다. 미소녀는 예쁘다는 이유만으로 언제나 특별 대접을 받는다. 실수를 해도 웃으면 용서가 된다. 못생긴 아이는 야단을 맞거나 집단 괴롭힘을 당하지만, 미소녀는 예쁘기 때문에 너그럽게 봐준다.

이런 경험이 쌓이고 쌓인 결과, 그녀는 웃으면 모든 것이 해결된다는 걸 학습해버린 것이다. 그리하여 실수를 해서 남에게 피해를 주었든, 사람들에게 싫은 소리를 들었든 간에 웃음으로 대충 얼버무린다. 이쯤 되면 가끔 난처한 상황을 웃음으로 때우는 차원을 넘어선다. 말하자면 웃음을 세상에 대한 방어 수단으로 삼는 것이다.

그녀는 예쁜 얼굴이 타고난 재능이고 개성이기 때문에 내적인 성숙을 위해 노력할 필요성을 못 느낀다. 이런 타입의 여성에게는 진심으로 대하려고 해도 소용없다. 대개 얼굴은 예쁘지만 그 이상의 매력은 없고, 마음속으로 세상이나 사람들을 우습게보기 때문이다.

POINT

그녀는 예쁜 얼굴이 타고난 재능이고 개성이기 때문에 내적인 성숙을 위해 노력할 필요성을 못 느낀다. 이런 타입의 여성에게는 진심으로 대하려고 해도 소용없다. 대개 얼굴은 예쁘지만 그 이상의 매력은 없고, 마음속으로 세상이나 사람들을 우습게보기 때문이다.

착한 사람의 착한 웃음

앞서 나온 늘 웃는 여자와는 다르게, 얼굴에서 웃음이 떠나지 않는 사람이 있다. 웃지 않을 때도 미소가 번져나는 그런 인상이다. 눈가나 입가에도 잔잔한 웃음이 어려 있다. 말을 하지 않을 때도 마찬가지다.

텔레비전에 나오는 여성 아나운서 중에도 이런 타입이 몇 명 있다. 그녀들은 예쁜 얼굴을 내세워 연예인 행세를 하려 드는 아나운서들과는 다르다. 대개는 정시 뉴스를 진행한다.

온화한 심성이 얼굴 생김새를 능가하기 때문에 이런 얼굴이 만들어진다. 따라서 선한 웃음이 얼굴에서 떠나지 않는 사람은 성격도 온화하다. 이유는 모르겠지만, 이런 얼굴은 가진 사람은 남자보다 여자들 중에 많은 것 같다. 화목하고 따뜻한 가정을 꾸리고 싶다면 이런 여성과 결혼하면 된다. 이런 여성은 함께 있기만 해도 주위 사람들의 기분을 온화하게 만들어준다.

이렇게 얼굴 가득 온화한 웃음이 배어나는 사람은 그늘 없는 성격이고 마음씨도 곱다. 번지르르하게 말만 잘하는 착한 척하는 사람과는 분명히 다르다.

지금까지 살아오면서 늘 착하고 따뜻한 마음씨로 세상을 바라보고 웃음을 잃지 않았기 때문에 이런 사람이 될 수 있었던 게 아닐까 싶다. 주위 사람들도 이런 심성을 어여삐 여겼을 테니, 웃음이 배어나는 얼굴도 자연스레 만들어졌을 것이다.

POINT

선한 웃음이 얼굴에서 떠나지 않는 사람은 성격도 온화하다. 화목하고 따뜻한 가정을 꾸리고 싶다면 이런 여성과 결혼하면 된다. 이런 여성은 함께 있기만 해도 주위 사람들의 기분을 온화하게 만들어준다.

여성 아나운서의 입매 속에 감춰진 비밀

사실 텔레비전에 비치는 얼굴은 소비 대상에 지나지 않는다. 아무리 미남미녀의 얼굴이 화면에 등장해도 시청자들은 그저 물건처럼 그것을 소비할 따름이다.

시청자들이 출연자의 목소리나 말하는 내용에만 집중하는 것 같지만, 실제로는 그들의 얼굴도 유심히 살핀다. 그래서 평론가가 출연해 만면에 웃음을 띠고 그럴듯한 의견을 내놓아도 그의 얼굴에서 어떤 미심쩍은 낌새를 감지하기도 한다.

이를테면 대중적인 인기를 얻고 싶어서 시청자들의 비위를 맞춘다거나, 소비자를 먼저 생각하는 경제 평론가라고 떠들고 다니면서 국가나 기업의 스파이 노릇을 하는 어용 평론가라는 것을 직감적으로 알아채는 것이다.

여성 아나운서들을 살펴보면 말할 때 입 모양이 일그러지는 사람이 있다. 입술이 뒤틀리거나 아랫입술 일부가 바깥으로 뒤집히기도 한다. 입을 다물고 있을 때는 별로 표가 나지 않지만, 말을 시작하면 심해진다.

뉴스 원고를 잘못 읽거나 하지 않으려고 지나치게 긴장한 탓에 입가에 신경이 쏠려서 그렇다. 이런 현상은 남성 아나운서보다는 여성 아나운서에게 많이 나타난다.

원고를 틀리게 읽지 말아야지, 말을 삼키지 말아야지 하고 온통 정신을 입가에만 집중시킨다. 게다가 예쁘게 말해야 한다는 부담감까지 더해지므로 입놀림이 더 이상해지는 것이다.

이것은 아나운서라는 직업을 너무 고지식하게 받아들여서 생기는 현상이다. 그런데 왜 남성 아나운서는 괜찮을까? 본질적으로 여성들이 더 진지해서 그런 것이 아닐까 싶다. 정시 뉴스는 정확하게 전달하는 것이 생명이기 때문이다.

그러나 보도 방송이나 와이드 쇼에서 귀여움과 발랄함을 앞세워 인기를 얻으려는 여성 아나운서들은 예외다. 말투나 어법이 엉망이지만 신경도 쓰지 않는다. 이런 사람은 절대로 입 모양이 뒤틀리거나 하지 않는다.

POINT

이것은 아나운서라는 직업을 너무 고지식하게 받아들여서 생기는 현상이다. 본질적으로 여성들이 더 진지해서 그런 것이 아닐까 싶다. 정시 뉴스는 정확하게 전달하는 것이 생명이기 때문에 긴장한 탓이다.

빈티나는 얼굴은 정신적으로 가난한 인생이다

빈티나는 얼굴이 있다. 사실 어떤 얼굴인지 한마디로 정의하기란 쉽지 않다.

야위고 까칠한 얼굴, 윤기 없는 얼굴, 궁상맞은 얼굴 등등.

경기침체가 계속되면서 '알뜰 절약의 지혜' 라는 소재가 텔레비전 와이드 쇼의 단골 메뉴가 되었다. 대개 이런 프로그램에서 소개되는 내용은 정보성도 떨어질뿐더러 사실 좀 어처구니없다.

한 뉴스 프로그램에서 근검절약이 몸에 밴 어느 알뜰 주부를 취재했다. 그녀는 티슈를 사다 쓰는 법이 없다고 한다. 돈 한 푼 안 들이고 티슈 문제를 해결한다는 것이다.

길거리에서 홍보용으로 나눠주는 티슈를 모아다가 한 겹씩 떼어 이등분한 뒤, 반으로 자른 일반 티슈 통에 넣어서 쓴다는 이야기다. 게다가 한 번 사용한 티슈는 버리지 않고 모아두었다가 부엌의 기름때를 닦을 때 사용한다고 한다. 이렇게 하면 휴지 값을 크게 절약할 수 있다는 것이다.

작가 Y씨는 'TV, 본 대로 생각한 대로' 라는 칼럼에서 이 여성의 이야기를 소개하면서, "가난 귀신이라도 씌었는지 얼굴이 빈상이었다" 고 말하고 있다. 내가 보기에도 지독하게 빈티나는 얼굴이었다.

칼럼에서 Y씨는 알뜰 주부를 소재로 이런 정보를 소개하는 뉴스 프로그램을 비판하고 있었다. 이 주부의 사례에서처럼, 실제로 가난하고 아니고를 떠나서 마음이 가난한 사람은 얼굴에서 빈티가 난다. 도를 넘은 절약은 마음을 가난하게 만들고, 궁상맞은 얼굴을 만든다. 심리적인 문제다.

해당 프로그램에서 취재를 맡은 리포터는 "이렇게 절약해서 모은 돈으로 차를 사거나 여행을 즐긴다고 합니다" 라고 전했다. 티슈 값을 절약해서 차를 사려면 도대체 몇십 년이 걸린다는 말인가? 제발 말도 안 되는 소리는 그만두기 바란다.

POINT

실제로 가난하고 아니고를 떠나서 마음이 가난한 사람은 얼굴에서 빈티가 난다. 도를 넘은 절약은 마음을 가난하게 만들고, 궁상맞은 얼굴을 만든다.

귓불이 큰 사람은 채식을 좋아한다

귀의 바깥으로 나온 부분을 귓바퀴라고 하고, 귓바퀴 아랫부분의 늘어진 말랑말랑한 살을 귓불이라고 한다. 피어스를 하는 부분이다. 귓바퀴는 전체적으로 연골 조직인데, 이 부분에는 연골이 없다.

예로부터 귓불이 크고 두툼하면 복스런 귀이고, 그런 귀를 가진 사람은 부자가 되고 장수를 누린다고 한다. 이것은 동양의 관상학에 바탕을 두고 있다. 일본사람 중에는 귓불이 멋지게 늘어진 사람이 더러 있다. 칠복신의 하나인 대흑천의 귓불처럼 복스럽다.

그런데 서양에서는 귓불이 발달한 사람이 거의 없다. 왜 그럴까? 동양의 관상학을 적용한다면 서양인 중에는 부자도 장수하는 사람도 없다는 말이 된다.

사실 귓불은 식생활을 반영하며, 채식을 하면 귓불이 발달하고 육식을 하면 귓불이 발달하지 않는다는 설이 있다. 이 견해에 입각하면, 오랜 채식의 역사를 가진 동양인들은 훌륭한 귓불 유전자를 물려받았다고 할 수 있다.

유전자에 더해 채식 생활을 했을 경우, 귓불은 더 커지고 두툼해진다. 나이 많은 사람 중에 멋진 귓불을 가진 사람이 많은 것도 그 때문일 것이다.

그러나 크고 늘어진 귓불은 보기에 아름답지 않다.

요즘 젊은 세대는 다들 귓불이 작다. 이런 귓불의 왜소화에는 육식의 영향이 크다.

육식은 얼굴 생김을 아름답게 만드는데, 그 하나가 귀다. 서양인의 조형적인 아름다움은 귀 모양에서도 찾을 수 있다. 사실 모양만 놓고 본다면 크고 늘어진 귓불보다는 작고 날렵한 귓불이 아름답다.

더구나 오늘날 유행하는 작은 얼굴에 큰 귀와 두툼하고 늘어진 귓불은 어울리지 않는다.

귀는 이성의 성적 관심을 잡아끄는 매력 포인트이기도 하다.

관상학에서도 귓불은 정력과 애정을 나타낸다. 매일 귓불을 잡아당겨주면 귓불이 커져 장수와 복운을 기대할 수 있다고 말하는 동양의학 전문가도 있다.

POINT

귓불의 왜소화에는 육식의 영향도 크다. 육식은 얼굴 생김을 아름답게 만드는데, 그 하나가 바로 귀다. 사실 모양만 놓고 본다면 크고 늘어진 귓불보다는 작고 날렵한 귓불이 아름답다.

콧김의 세기와 성격은 비례한다

최근 조용히 지내고 있는 전 중의원 의원 다나카 마키코 씨는 누구나 인정하듯이 대단히 개성적인 인물이다. 얼굴이나 표정에도 개성이 넘친다.

어찌 보면 다나카 전 의원은 무척 알기 쉬운 사람이다. 표정이나 말투, 몸가짐, 행동 하나하나에 성격과 인간성이 그대로 드러난다.

그녀는 등장하기만 해도 주위를 압도할 만큼 존재감이 큰 인물이다. 다소 제멋대로인 면도 있는 것 같다. 다나카 전 의원 하면, 언론사의 인터뷰에 응할 때 취재 기자의 얼굴에 거친 콧김을 내뿜을 것 같은 그런 이미지가 떠오른다.

그녀의 콧방울은 화가 나면 부풀어 오른다. 방송에서도 그런 모습을 여러 번 보았다.

이렇게 콧바람을 마구 내뿜을 것 같은 사람은 어떤 성격과 인간성이 연상될까? 공격적이고, 제멋대로이고, 오만하고, 타인을 배려하지 않는 그런 부정적인 요소가 먼저 떠오른다. 최대의 특징은 뭐든 못마땅하게 여기고 매사에 만족할 줄 모른다. 그런 불만이 거친 콧바람으로 나타난다.

나아가 사람들 앞에서 그런 성격을 당당히 드러낼 만큼, 겸손함과 수치심이 결여되어 있다는 것도 이 타입의 특징이다.

또한 음식을 먹으면서 말할 때 콧방울이 부풀어 오르는 음식 리포터의 경우를 살펴보자.

리포터라는 직업이 텔레비전 방송에 정착한 지도 오래다. 특히 와이드 쇼 프로그램에는 코너마다 전문 리포터들이 있다.

사실 연예인을 취재하는 리포터들도 연예인이다. 개중에는 본업은 배우나 가수이면서 리포터 일만 하는 사람도 있다. 가수나 배우는 간판이고 리포터가 생업인 셈이다.

아무튼간에 리포터도 장르가 다양하다. 식도락도 그 하나인데, 식도락 코너를 전문적으로 진행하는 리포터도 있다.

한 여자 연기자도 식도락 코너를 진행하는 리포터이다.

꽤나 살집이 좋은 여성인데, 한때 인생관을 바꾸어 다이어트에 성공해 아름답게(?) 변신한 적도 있지만, 어느새 본래 모습으로 돌아왔다. 뚱뚱한 사람이 날씬해지면 상품성도 떨어지는 법이다.

오랫동안 여행 프로그램에서 식도락 코너의 리포터를 맡아온 터라 리포터로서 관록이 느껴진다. 식욕도 왕성해서 음식을 먹을 때면 콧방울이 실룩실룩 부푼다. 그 모습이 재미있기도 하지만 보기에 따라서는 외설적인 느낌도 든다.

음식을 먹으면서 진행하기 때문에 아마도 필사적으로 코로 호흡을 할 것이다.

그녀는 평소에도 콧방울이 약간 부풀어 있는데, 본래 그런 모양이었을까? 그것은 알 수 없지만, 코로 숨을 내쉴 때의 압력은 상당해 보인다. 그래서 평상시의 콧방울도 커졌을지 모른다.

살이 많이 쪄서 음식을 먹으면 곧바로 숨이 찰 테고, 그래서 콧숨이 거칠어졌을 수도 있다. 비만인 사람이 급하게 음식을 먹을 때 보면 대개 콧숨이 거칠다. 콧구멍으로 숨을 들이쉬고 내쉬느라 많은 에너지를 사용하기 때문이다.

좀 다른 이야기지만, 하루 종일 콧바람을 거칠게 내뿜으며 불평을 늘어놓는 공격적인 사람도 있다. 만약 이런 생활을 몇십 년 동안 계속한다면 그 풍력 때문에 콧방울이 부풀어 오를 가능성이 크다. 그런 태도는 고치는 게 좋다.

POINT

콧바람을 마구 내뿜을 것 같은 사람은 공격적이고, 제멋대로이고, 오만하고, 타인을 배려하지 않는 그런 부정적인 요소가 먼저 떠오른다. 최대의 특징은 뭐든 못마땅하게 여기고 매사에 만족할 줄 모른다는 것이다. 그런 불만이 거친 콧바람으로 나타나는 것이다.

얼굴이 닮아가는 부부의 조건

함께 살면서 서로 닮아가는 부부가 있다. 1960~1970년대만 해도 그런 부부가 흔했다.

아버지도 둥근 얼굴, 어머니도 둥근 얼굴, 두 명의 자녀까지 둥근 얼굴. 그리고 가족들의 얼굴에는 한결같이 웃음이 가득하다. 옆에 있는 개도 싱글벙글. 가족 네 명과 개 한 마리가 밥상에 둘러앉아 식사하는 풍경에서 만화《3번지의 석양》의 한 장면이 떠오른다.

왜 오래도록 함께 산 부부는 얼굴이 닮아가는 걸까?

이런 부부는 성격이나 기질도 비슷하다. 착한 아내와 착한 남편. 아내의 착한 성격에 감화되어 남편도 착하고 순해진다.

그렇게 해서 본래의 얼굴 생김은 달라도 분위기가 닮아가는 것이리라. 사람들의 눈에 닮은꼴 부부로 비치는 것도 그래서일 것이다.

같은 음식을 먹어왔다는 것도 영향이 있을 것 같다. 20~30년 동안 설탕을 듬뿍 친 기름진 음식을 먹어온 부부는 똑같이 뚱뚱하다. 얼굴뿐만 아니라 체형도 닮는다. 체질도 비슷해서 고지혈증이나 당

뇨병같이 걸리는 질병도 비슷하다.

그런데 요즘은 닮은꼴 부부가 많지 않다. 가족 의식이 희박해지면서 부모고 자식이고 저 좋을 대로 살아가는 세태가 원인이다.

한편 개나 고양이 같은 애완동물과 주인의 얼굴이 비슷해지는 예가 늘고 있다. 가족관계가 소원해지고 인간과 애완동물의 유대가 강해진 결과인지도 모른다.

POINT

함께 오래 산 부부는 성격이나 기질도 비슷하다. 착한 아내와 착한 남편. 아내의 착한 성격에 감화되어 남편도 착하고 순해진다. 그렇게 해서 본래의 얼굴 생김은 달라도 분위기가 닮아가는 것이다.

얼굴이 둥근 사람과 각진 사람의 인생살이

일반적으로 얼굴이 둥근 사람은 성격이 온화하다고 한다. 생각해 보면 그런 것도 같은데, 이유가 무엇일까?

아기나 어린아이들이 그렇듯이 얼굴이 둥글면 귀엽고, 따라서 사람들은 무의식중에 친근감을 갖고 대하게 된다. 어른이 되어서도 둥근 얼굴은 어리고 귀염성 있어 보여서 사람들의 호감을 산다. 그래서 온화하고 다정한 사람이 많은 것이다.

한편 얼굴이 각진 사람은 직선적인 이미지이고, 강한 의지가 느껴진다. 남자라면 사내답고 믿음직해 보이지만, 귀엽다는 인상을 주지는 못한다. 그래서 스스로 인생을 개척해나갈 수 있도록 의지와 독립심을 기르게 된다. 얼굴이 각진 사람들 가운데 다부지고 강직한 사람은 있어도 온화하고 다정한 사람이 드문 것은 그 때문이다.

심리학에서는 일반적으로 그렇게 말하는데, 물론 둥근 얼굴의 악인도 있다.

둥글고 귀여운 얼굴에다 늘 사람 좋은 웃음을 지어 보이지만, 머릿속은 아주 논리적이고 냉혹하고 매정하기까지 한 사람도 있다.

사람들은 이런 타입에게 쉽게 방심한다. 어수룩하고 귀염성도 있으니 호인일 거라고 멋대로 해석해버린다. 상대방을 안심시키기 위해 의도적으로 그런 척 연기하는 사람도 있으니, 얼굴 모양만 보고 그 사람의 성격을 판단하지 않는 게 좋다.

POINT

둥글고 귀여운 얼굴에다 늘 사람 좋은 웃음을 지어 보이지만, 머릿속은 아주 논리적이고 냉혹하고 매정하기까지 한 사람도 있다. 상대방을 안심시키기 위해 의도적으로 연기하는 사람도 있으니, 얼굴 모양만 보고 그 사람의 성격을 판단하지 않는 게 좋다.

좌우비대칭인 남자는 어떤 남자?

일반적으로 남성들 가운데 얼굴이 심하게 좌우비대칭인 사람이 많다. 상대적으로 여성들은 그런 경우가 적다.

치열이 고르지 않거나 안면 신경 마비 같은 이상이 있거나 질병을 앓는 것도 아니면서 얼굴의 좌우비대칭이 심한 경우는 남성들에게서 압도적으로 많이 나타나는데 직장생활에 시달려서 그렇다. 직장생활을 하다 보면 옳지 않다고 여기는 일도 해야 할 때가 있다. 성공을 위해 동료의 발목을 잡거나 동료를 불행에 빠뜨려야 할 경우도 있다. 처세를 위해 전략을 짜고 작위적인 행동을 거듭하는 동안에, 그것이 쌓이고 쌓여서 얼굴을 비뚤어지게 만든다.

윙크를 하거나 혀를 끌끌 차거나 비웃음을 지을 때처럼, 작위적이고 의도적인 행동 및 심리 상태는 표정의 대칭을 깨뜨린다.

그에 비해 대개 집에서 살림만 하는 여자들은 얼굴이 짝짝이가 되거나 하는 경우가 드물다. 속임수나 계책을 쓸 필요가 없는 평온한 세계에서 살기 때문이다.

요즘은 남성과 동등하게 직장생활을 하는 여성들이 늘어나고 있으므로, 앞으로는 여성들의 얼굴도 좌우비대칭이 될 우려가 크다.

POINT

직장 생활을 하다 보면 옳지 않다고 여기는 일도 해야 할 때가 있다. 성공을 위해 동료의 발목을 잡거나 동료를 불행에 빠뜨려야 할 경우도 있다. 처세를 위해 전략을 짜고 작위적인 행동을 거듭하는 동안에, 그것이 쌓이고 쌓여서 얼굴을 비뚤어지게 만든다.

고단한 삶이 주는 얼굴의 비대칭

일반적으로 얼굴은 물론이고 사람의 몸도 좌우대칭이 아니라고 한다. 누구나 갓 태어났을 때에는 얼굴이 좌우대칭이지만, 어른이 되면서 그것이 깨지게 된다.

그렇다면 얼굴이 심하게 좌우비대칭인 사람은 왜 그럴까?

좌우비대칭인 얼굴은 세상을 살면서 겪어온 노력과 고생의 산물이라고 할 수 있다. 따라서 그런 얼굴의 이면에는 삶의 고단함과 세상에 대한 회한의 감정이 숨겨져 있다.

평소에는 괜찮은데, 말을 하거나 웃거나 화낼 때 비대칭이 심해지는 사람도 있다. 이런 사람들은 감정이 격하거나 만성적인 정신적 스트레스를 받고 있는 경우가 많다.

그러나 좌우대칭이 깨진 얼굴에는 개성과 인간성이 드러나며, 그것이 그 사람의 매력이 될 수 있다. 그런 얼굴이야말로 삶의 고단함, 회한과 후회의 감정, 인정과 감성의 깊이가 가져다준 결실이기 때문이다.

따라서 얼굴이 좌우비대칭인 사람 중에는 닳아빠진 성격에 인간성이 나쁜 사람도 있지만, 인간적인 매력이 가득한 사람도 있다.

한편 마흔 살 넘어서도 얼굴이 좌우대칭을 유지하는 사람도 있다. 말할 때나 웃을 때나 표정이 뒤틀리지 않는 사람은 평생 고생을 모르고 살아온 사람이다.

대개 이런 사람들은 타고난 인물이 좋아도 그 이상의 매력은 없는 경우가 많다. 연륜에서 오는 중후한 매력이 풍기지 않기 때문이다. 인간적인 장점은 느껴지지만 그 이상의 매력은 이끌어내지 못한다.

별 어려움 없이 살아온 탓에 타인에 대한 배려가 부족하고 야박한 사람도 있다. 지금까지 무난하게 살아왔고 앞으로도 별 탈 없이 살아갈 테니, 이런 남성과 결혼하면 안심이다. 이렇다 할 걱정 모르고 지낼 것이고, 자녀들도 경제적인 어려움 없이 키울 수 있다.

그러나 푸근하거나 자상하지 않은 남자도 있기 때문에, 아내와 자녀들은 늘 애정 부족에 허덕일지도 모른다.

좌우대칭이 깨진 얼굴에는 개성과 인간성이 드러나며, 그것이 그 사람의 매력이 될 수 있다. 그런 얼굴이야말로 삶의 고단함, 회한과 후회의 감정, 인정과 감성의 깊이가 가져다준 결실이기 때문이다. 따라서 얼굴이 좌우비대칭인 사람 중에는 닳아빠진 성격에 인간성이 나쁜 사람도 있지만, 인간적인 매력이 가득한 사람도 있다.

Part 2

얼굴만으로 상대방을 파악하는 악인의 비법

1 말투와 웃음으로 상대방을 파악한다

웃는 모습과 성격

웃는 모습에는 그 사람의 성격이 나타난다.

입을 크게 벌리고 웃으면 호쾌한 인상을 준다. 대개 성격이 개방적이고, 호방하고, 거침없는 사람들이 이렇게 웃는다. 사소한 일에 개의치 않는 너그럽고 그릇이 큰 사람이다.

그러나 일부러 그런 척하려고 입을 크게 벌리고 웃는 사람도 있다. 현실에서는 이런 사람들이 많다. 호쾌한 웃음의 이미지와는 반대로 소심하고 마음이 약하다.

사실 소심한 사람이 그렇게 웃으면 주변 사람들은 좀 뜨악해지는데, 당사자는 신경 쓰지 않는다. 굳이 말하자면 나쁜 사람은 아니다. 오히려 좀 모자란 사람이다.

그리고 언제나 큰 소리로 '와하하' 하고 웃는 것은 자신감의 표현인데, 사실 누구를 만나든 어떤 장소에서든 늘 자신만만할 수 있는 사람은 그리 많지 않을 것이다.

그러나 요즘에는 큰 소리로 '와하하' 하고 웃는 사람이 많다. 주로 기업체 사장이나 리더들이 그렇다. 이런 타입 가운데 보스 기질을 가진 사람이 많다.

입을 크게 벌리고 웃는 타입이든 큰 소리로 '와하하' 하고 웃는 타입이든 그것을 자신의 개성으로 생각한다. 모르는 사람들 눈에는 그저 바보같이 웃는 모습으로밖에 비치지 않겠지만 말이다.

상대방이 그렇게 웃으면 비위를 맞추려고 하거나 또는 자신도 모르게 똑같이 따라 웃을 때가 있다. 이때 우습지도 않은데 억지로 웃으면 상대방에게 속내를 들키고 만다.

개중에는 억지웃음인 줄 알면서도 함께 웃어주는 사람에게 호의를 느끼는 사람도 있다. 함께 있는 사람들이 모두 동조해서 과장스런 억지웃음을 웃다가 나중에 분위기가 썰렁해지는 경우도 있다. 하지만 그로 인해 인간관계가 원만해진다는 효용이 있으니 이런 행동을 꼭 나쁘다고 탓할 수는 없다.

POINT

입을 크게 벌리고 웃으면 호쾌한 인상을 준다. 대개 성격이 개방적이고, 호방하고, 거침없는 사람들이 이렇게 웃는다. 그러나 일부러 그런 척하려고 입을 크게 벌리고 웃는 사람도 있다. 현실에서는 이런 사람들이 많다. 호쾌한 웃음의 이미지와는 반대로 소심하고 마음이 약하다.

입을 다물고 웃는 사람의 본성은?

입을 다물고 웃는 사람은 자기중심적이고 제멋대로인 경우가 많다. 관상학에서는 남을 깔보면서도, 소심하고 매사에 수동적이며 발전성 없는 사람이라고 한다.

그런데 사람들은 그때그때 상황에 따라 다르게 웃는다. 그 전형적인 예가 젊은 여성들이다. 여자 친구들 앞에서는 '와하하', '푸하하' 하고 푼수처럼 웃다가도 남자들 앞에서는 입을 다물고 얌전하게 웃는다. 개중에는 영양가 없는 남자들 앞에서는 있는 대로 입을 벌리고 웃다가 관심 있는 남자가 나타나는 순간, 얌전하게 웃으며 내숭 모드로 돌아서는 여자도 있다.

이렇게 내숭이 몸에 밴 여자는 같은 여자들 사이에서 따돌림을 당한다.

남녀관계를 떠나서, 일반적으로 처음 만난 사람이나 친하지 않은 사람 앞에서는 잘 웃지 않게 된다. 이성이나 비즈니스 상대 앞에서 억지로 웃을 때도 대개 입을 다물고 웃는다. 더러는 내키지 않으면서 큰 소리로 헛웃음을 짓는 남자도 있으니 구분하기 어려울 수도 있다.

또한 말할 때 입을 잘 벌리지 않고 치아도 전혀 보이지 않는 사람이 있는데, 이런 사람은 성격을 짐작하기 어렵다.

웃을 때 잇몸이 드러나는 사람은 대개 비판적이고 공격적이다. 이기적이고 자기본위가 강하고, 의지가 약하고, 자신감이 부족하다. 관상학에서는 이런 여성은 바람기가 많다고 한다.

한편, 얼굴이 굳은 채 한쪽 볼을 실룩거리며 웃는 사람이 있다. 직장에 다니는 한 친구의 말에 따르면, 요즘 직장인들 가운데 그런 사람이 많다고 한다. 직장생활을 하다 보면 우습지도 않은 일, 심지어 괴로운 일에도 억지로 웃어야 할 때가 있다. 도저히 그럴 기분이 아닌데도 억지로 웃으려니까 결국 얼굴이 뻣뻣하게 굳으면서 볼이 실룩거리게 되는 것이다.

이런 사람은 착실하면서도 소심한 성격이다. 상사의 눈 밖에 나거나 감원 대상이 되지 않으려고 직장생활에 안간힘을 다한다.

POINT

말할 때 입을 잘 벌리지 않고 치아도 전혀 보이지 않는 사람이 있는데, 이런 사람은 성격을 짐작하기 어렵다. 한편, 웃을 때 잇몸이 드러나는 사람은 대개 비판적이고 공격적이다. 이기적이고 자기본위가 강하며, 의지가 약하다.

20대 이후에도 키득키득 웃는 여자들의 본심은 따로 있다

여자들 가운데 눈을 살포시 내리깔며 키득키득 웃는 타입이 많다. 남자들 중에는 게이 정도나 이렇게 웃을 것이다.

즉 이것은 여성적인 웃음인데, 예전에는 여중생이나 여고생들이 대개 이렇게 웃었다.

언제부터인지는 모르겠지만 요즘은 내숭쟁이들의 트레이드마크가 되었다.

예전에는 어린 여자들이 자신의 순진무구함을 드러내기 위해 키득키득 웃곤 했다. 키득키득 웃으면 사람들도 키득키득 따라 웃게 된다. 웃음이 웃음을 부르는 것이다. 전국 방방곡곡의 학교에서 키득키득 웃어대는 소녀들을 볼 수 있었다.

그 영향인지 20대, 30대 여성들 중에도 키득키득 웃는 사람이 꽤 있다. 20대, 30대가 되어서도 키득거리는 여성들은 도대체 어떤 성격을 가졌을까? 한마디로 말해 교활하다.

이런 여성들은 키득대는 것을 삶의 방편으로 악용한다.

"자네 근무 중에 어디 갔다 온 건가?"

과장의 지적에 여직원은 키득키득 웃는다.

"죄송해요. (키득키득) 잠시 화장실에 좀……." (키득키득)

"화장실에 갔다니 어쩔 수 없네만, 앞으로는 자리를 비울 때 먼저 주임에게 말하고 다녀오도록 하게."

"(키득키득) 네. 그러겠어요." (키득키득)

매사에 이런 식이니 야단을 치는 사람으로서는 도무지 말발이 서지 않고 맥이 빠진다.

이런 여자들은 상황이 불리해지면 웃음으로 때우려 든다. 키득키득 웃기만 하면 뭐든 자기 뜻대로 된다고 믿으니 난감한 노릇이다. 약속을 해놓고도 아무렇지 않게 어긴다. 상대방이 잘못을 따질라치면, 풀이 죽기는커녕 아무렇지도 않다는 듯이 대꾸한다.

"(키득키득) 죄송해요, 앞으로 주의할게요." (키득키득)

이렇게 나오니 말문이 막힌다. 직장에 이런 여직원이 있을 경우, 어떻게 하면 좋을까? 혼쭐을 내주고 싶은 심정이지만, 이런 타입은 겉으로는 순종적이기 때문에 이러지도 저러지도 못해 상사의 고충만 더할 뿐이다.

POINT

여중생이나 여고생의 연장으로 20대, 30대가 되어서도 키득거리는 여성들이 많다. 이들의 성격은 한마디로 말해 교활하다. 이런 여성들은 키득대는 것을 삶의 방편으로 악용하는 것이다.

얼굴은 웃는데 눈이 웃지 않는 사람을 조심하라

분위기를 맞추기 위해서만 억지웃음을 짓는 건 아니다. 억지웃음 뒤에는 뭔가를 숨기려는 의도나, 타인의 친절과 간섭을 거부하는 심리, 상대방을 얕잡아보는 태도가 감추어져 있는 경우도 있다.

얼굴은 웃는데 눈이 웃지 않는 사람이 있다. 대개 본성이 나쁘거나 비뚤어진 사람이 이렇게 웃는다. 사기꾼이나 악덕 외판원이 그렇다.

즐거운 척하는데도 눈이 웃지 않는 사람도 있다. 이런 타입은 정서가 희박하다. 감각이나 감수성이 일반인의 그것에서 벗어난 사람이 많다. 어쩌면 살아오는 내내 정말 기뻐서 웃은 일이 한 번도 없었을지도 모른다.

눈이 웃지 않기 때문에 눈의 검은자와 흰자가 묘하게 선명한 대조를 보인다. 오려 붙인 종이 눈이나 후쿠와라이(눈을 가린 후 얼굴 윤곽만 그린 종이 위에 눈썹, 눈, 코, 귀, 입을 그린 종이를 얹어놓아 완성된 익살스런 형태를 즐기는 일본의 설날 놀이-옮긴이)의 눈처럼 기분 나빠 보인다. 웃지 않는 눈은 살아 있는 눈이 아니다.

아무튼 늘 억지웃음을 짓는 사람은 인간적으로 문제가 있으니 조심하는 것이 최선이다.

한편, 남이 어이없는 실수를 했을 때 입 꼬리를 비틀며 웃는 사람이 있다. 이런 경멸 어린 웃음에는 자신은 그런 멍청한 짓을 저지르지 않는다는 우월감이 숨어 있다고 심리학에서는 해석한다. 기본적으로 입을 일그러뜨리며 웃는 모습은 아름답지 않다.

언제나 입 꼬리를 비틀며 웃는 사람이 있는데, 대개는 빈정대기 좋아하는 성격이다. 매사에 비판적이기 때문에 주변 사람들이 싫어한다.

남에게 비웃음을 사는 것을 극단적으로 싫어하는 사람도 이렇게 웃는다. 웃음거리가 되는 행동을 하지 않겠다는 의식이 강하다. 경멸 어린 웃음은 그 방증이다.

푼수짓을 해서라도 자진해서 창피를 당해버리면 오히려 마음이 편해질 텐데, 자존심이 강해서 그러지 못한다.

그 결과, 창피당하는 훈련이 충분치 않은 탓에 해를 거듭할수록 경멸 어린 웃음이 심해진다. 하지만 그것도 자업자득이다.

얼굴은 웃는데 눈이 웃지 않는 사람이 있다. 대개 본성이 나쁘거나 비뚤어진 사람이 이렇게 웃는다. 사기꾼이나 악덕 외판원이 그렇다. 또한 언제나 입 꼬리를 비틀며 웃는 사람이 있는데, 대개는 빈정대기 좋아하는 성격이다. 매사에 비판적이기 때문에 주변 사람들이 싫어한다.

자연스런 웃음의 어려움

우습지도 않고 기쁘지도 않은데 억지로 웃으면 보통은 눈이 웃지 않는다. 기분이 괜찮은 상태라면 눈도 약간 웃겠지만, 그래도 진짜 기뻐서 웃을 때의 눈과는 다르다.

그런데 현실에서는 억지웃음을 지으면서 눈까지 웃을 수 있는 사람이 꽤 있다. 평소에 웃음과 관계된 근육 훈련을 열심히 하면 가능하다.

그 전형이 바로 배우일 것이다. 항공기 여승무원들 중에서도 자연스런 웃음을 연출할 수 있는 사람이 많다.

서비스 정신이 요구되는 항공기 여승무원이나 호텔 직원들은 직업의식이 몸에 배어 있기 때문에 억지웃음을 지으면서도 눈까지 웃는다.

억지웃음의 달인은 사람들이 그를 인간적으로 훌륭한 사람이라고 믿게 만들 만큼 연출이 뛰어나고 매력적이다. 좀 모자란 남자들은 자신에게 관심이 있다는 착각에 빠지기도 한다.

그런데 웃음을 자연스럽게 연출할 수 있는 사람의 성격과 인간성은 어떨까? 결론은 사람마다 다르다. 성격 좋은 사람도 있고 사악한 사람도 있다.

한 가지 분명한 것은, 그렇게 되기까지 열심히 노력했거나 현재 노력하고 있다는 것이다. 그것이 사악한 인간성에서 비롯된 것일지라도.

반면, 얼굴 가득 묘하게 산뜻한 웃음을 지어 보이는 사람이 있다. 눈빛이 맑고 웃을 때 볼 근육이 부드럽게 움직여 보기는 좋지만, 어딘지 모르게 수상쩍은 느낌을 풍긴다.

대개 이런 타입은 모든 일을 단순하게, 자기 편한 대로 받아들인다. 자신감이 강하고, 사람들이 자기 행동을 지지해줄 거라는 확신감에 넘친다. 대수롭지 않은 일도 과장스럽게 말하는 경향이 있다.

이런 사람은 만면에 웃음을 띠면서 자신 있게 자기 의견을 주장한다. 말하자면 선동가의 재능을 지녔다고 할 수 있는데, 사람들을 설득하지는 못한다. 어딘지 모르게 이상한 사람 같다는 인상을 주기 때문이다.

자기 평가와 세상의 평가가 크게 어긋나지만, 정작 본인은 그것을 알지 못한다. 그래서 무슨 일을 해도 쉽게 성공하지 못한다.

이런 타입의 사람이 솔깃한 이야기를 꺼내더라도 어리석게 현혹되어서는 안 된다. 참고로, 이런 얼굴은 세뇌당한 사람에게 나타나는 특징이기도 하다.

하지만 열심히 연습하면 자연스런 웃음을 연출할 수 있다

자연스런 웃음을 연출하기 위한 다양한 훈련 방법이 있다.

초보적인 방법은, 손가락으로 양쪽 입 꼬리를 끌어올리고 생긋 웃으면서 그때의 근육 움직임을 익히는 것이다.

이 방법은 볼의 표정 근육 등, 웃음에 관여하는 근육을 단련하는 훈련이다. 웃을 때 볼 근육의 감각을 익히고 그것을 뇌에 피드백하기를 반복한다.

이렇게 훈련하면 쉽게 웃는 얼굴이 만들어진다. 열심히 연습하면 신기하게도 눈까지 웃을 수 있게 된다.

이것은 오랜 훈련의 결실이다. 훈련을 통해 그렇게까지 될 수 있다니 감탄스럽지만, 눈은 웃고 있어도 어딘지 모르게 어색하다. 그런 부자연스런 느낌이 보는 사람을 서글프게 한다.

POINT

웃음을 자연스럽게 연출할 수 있는 사람의 성격과 인간성은 사람마다 다르다. 성격 좋은 사람도 있고 사악한 사람도 있다. 한 가지 분명한 것은, 그렇게 되기까지 열심히 노력했거나 현재 노력하고 있다는 것이다. 그것이 사악한 인간성에서 비롯된 것일지라도.

이유 없이 입을 가리는 사람을 조심하라

업무상 협상을 할 때 입에 손을 가져가는 사람이 있다. 사려 깊은 인상을 주지만, 속셈이 있어서 그런 경우가 많다.

예컨대, 해서는 안 될 말이 튀어나왔을 때 "이런, 말이 잘못 나왔네요" 하고 손으로 입을 가린다. "지금 한 말은 못 들은 걸로 해주세요" 하고 당황해서 한마디 덧붙인다. 직장에서건 개인적인 자리에서건 자주 보게 되는 장면이다.

손으로 입을 가리는 동작은 '다른 사람에게 말하지 말라' 는 몸짓언어다. 업무상 미팅에서 버릇처럼 입가에 손을 가져가서 입을 가리는 사람은 상대방에게 자신의 기분과 정보를 교묘히 조작해서 전달하는 타산적인 전략가라 할 수 있다.

이쯤에서 이야기를 접는 편이 안전하다거나, 상대방이 이용할 수 있으니 정보를 주지 말자거나 하는 계산이 머릿속에서 핑핑 돌아간다. 예를 들면 관심을 끌 만한 정보를 슬쩍 흘린 뒤, 상대방이 반응을 보이면 대충만 대답하고 구체적인 계획이나 세부 사항은 숨기거나 하는 식이다.

이런 사람은 자기 이야기를 별로 하지 않는다. 거짓말은 하지 않더라도 본심을 내비치지 않으며, 상황을 냉정한 눈으로 바라본다. 일이 터졌을 때 자신에게 피해나 책임이 돌아오지 않도록 항상 몸을 사리는 편이다.

정리해보면 말하는 모습에서 드러나는 사람의 본성은 이렇게 요약된다.

• 입에 손을 대고 말하는 사람

이야기할 때 늘 입가에 손을 가져가는 사람이 있다. 혼자 생각에 잠길 때도 마찬가지다. 이런 버릇을 가진 사람 가운데는 전략가가 많은 듯하다. 해도 되는 말과 해서는 안 될 말, 비밀에 부쳐두어야 할 말 등을 신중히 구별해서 말한다.

심리학에서는 이런 타입은 비밀주의자이고, 거짓과 가식이 많고, 질투심이 강하고, 친한 사이에도 의심이 많아서 고립되기 쉽다고 말한다. 사실 그렇게까지 성격이 고약하지는 않더라도 단세포적인 사람이 아닌 것만은 분명하다.

• 입을 비죽이 내밀고 말하는 사람

어른이 되어서도 입을 비죽이 내밀고 말하는 사람은 평소에도 입술이 약간 튀어나와 있다. 이것은 언제나 자기 생각을 남에게 강요해야 직성이 풀리는 이기적인 사람이라는 증거다. 자기주장이 강하고

CAUTION

뭐든 앞에 나서서 이끌어가고 싶어한다. 게다가 신경질적이고 까탈진 성격이어서 온갖 일에 불평과 주문을 해대지 않고는 못 배긴다.

앞에 나가서 설치지 않더라도 자의식이 강하고 자기주장도 심하다.

뭐가 못마땅한지 사사건건 불평을 늘어놓기 때문에 입이 비죽이 튀어나온 것이다.

• **입을 비틀며 말하는 사람**

관상학에서는 입을 비틀며 말하는 사람은 대개 눈치가 빠르고 신경질적인 성격이라고 한다. 협동심도 부족하다. 자기과시가 심하고 상대방을 마음대로 조종하고 뭐든 참견하려 드는 사람도 있다.

자아가 강한 사림이지만, 그것을 사회생활과 잘 조화시키지 못한다.

그리고 말할 때 입을 비트는 행동은 성격적인 것에 더해 스트레스의 영향도 있을 것이다.

POINT

손으로 입을 가리는 동작은 '다른 사람에게 말하지 말라'는 몸짓언어다. 업무상 미팅에서 버릇처럼 입가에 손을 가져가서 입을 가리는 사람은 상대방에게 자신의 기분과 정보를 교묘히 조작해서 전달하는 타산적인 전략가라 할 수 있다.

말할 때 입 꼬리가 오르내리는 사람은 요주의

말할 때 입 꼬리가 올라갔다 내려갔다 하는 사람이 있다. 관상학에서는 이런 사람은 허언하는 버릇이 있다고 본다.

고등학생 시절에 '거짓말쟁이 만보' 라고 불리던 사람이 있는데, 나중에 살인범이 되었다고 한다. 밑도 끝도 없이 거짓말을 해대니 그런 별명이 붙었을 게다.

이 사람의 사진을 보았더니 중학생 때까지는 평범한 인상이었데, 20대 이후에는 입 꼬리가 올라가고 표정이 험악해져 인상이 딴판으로 변해 있었다.

당신 주위에 그런 사람은 없는가? 수다스럽고 말할 때 입 꼬리가 올라갔다 내려갔다 하는 사람이 있다면, 인간성을 의심해보고 조심하는 편이 좋다.

한편, 마주 앉아서 이야기를 나눌 때 이리저리 눈알을 굴리는 사람이 있다. 도대체 이런 사람은 어떤 성격과 인간성을 가졌을까?

상대방의 이야기에 관심이 없을 때 눈알을 굴리는 사람도 있다.

어쩌다가 다른 생각이 났을 때도 그런 행동을 보인다. 이런 사람은 성격 자체에 침착성이 없는 경우가 많다.

일이나 사생활 면에서 여유가 없는 사람일 수도 있다. 사람을 만나는 동안에도 그 생각을 하느라 사로잡혀 쉴 새 없이 눈알을 굴리는 것이다.

그런데 앞에 사람을 앉혀두고 태연히 딴생각을 하는 것은 타인을 무시하는 행동이며, 매정한 성격이라는 증거다.

POINT

당신 주위에 수다스럽고 말할 때 입 꼬리가 올라갔다 내려갔다 하는 사람이 있다면, 인간성을 의심해보고 조심하는 편이 좋을 것이다. 마주 앉아서 이야기를 나눌 때 이리저리 눈알을 굴리는 것도 매정한 성격이라는 증거다.

과장스런 표정을 짓는 여자에게 방심은 금물

대화 도중에 눈을 휘둥그렇게 뜨며 과장스런 표정을 짓는 여자가 있다. 남자들 중에는 이런 사람이 드물다.

이런 타입의 여성은 어떤 성격일까? 눈이 크면 예뻐 보인다는 사실을 알고서 그렇게 보이고 싶은 심리가 작용하고 있기 때문이다. 그리고 표정을 자주 바꾸는 이유는 감정이 풍부한 사람으로 보이고 싶어서일 것이다.

그런 노력도 상대방에게 가식적이라는 인상을 준다면 성공했다고 보기는 어렵다. 하지만 열심히 연습하다 보면 머지않아 자연스런 표정을 연출할 수 있을 것이다.

대개는 인간적으로 단순한 여성들이지만, 개중에는 작정을 하고 표정 연기를 하는 악인도 있으니 냉정하게 판단하는 것이 좋다.

드물기는 하지만 눈알을 휙 뒤집는 사람도 있다. 찻집에서 일 이야기를 하는 도중에 눈동자가 휙 돌아가는 사람을 본 적이 있다. 저절로 그렇게 된 것이 아니라, 눈알을 휙 뒤집었던 것이다. 처음 보았을 때는 정말이지 기겁했다.

다행히 상대방이 나를 보지 못했지만, 눈동자가 완전히 돌아가서 흰자위만 보였다. 눈알을 뒤집는 것이 버릇인 듯했는데, 그 후에도 세 번 정도 그런 모습을 보여주었다.

원인은 스트레스인 듯했다. 자신에게 불리한 이야기가 나와서 생각에 잠길 때 그런 현상이 일어났기 때문이다.

POINT

이런 타입의 여성은 눈이 크면 예뻐 보인다는 사실을 알고서 그렇게 보이려는 심리가 작용하고 있기 때문이다. 대개는 인간적으로 단순한 여성들이지만, 개중에는 작정을 하고 표정 연기를 하는 악인도 있으니 냉정하게 판단하는 것이 좋다.

턱을 내밀고 말하는 사람을 경계하자

말할 때 턱을 내미는 사람이 있다. 대개는 불평을 늘어놓는다.

이런 자세는 상대방에게 압박감을 준다. 보통 턱을 내민 상태로 미간을 찌푸리면서 목소리를 내리깔고 말끝을 올린다. 이때 말끝을 내뱉듯이 하지 않고 삼키듯이 말한다.

목소리 톤이 높으면 안 된다. 따라해보면 알겠지만, 폭력배들이 상대방을 협박하거나 정신적으로 압박할 때 이런 스타일로 말한다.

한국인의 말투가 박력 있게 들리는 이유도 그래서다. 한국어 말투는 저음이고 말끝을 올리는 것이 특징이다. 이런 말투를 사용하면 음색에 힘이 느껴진다.

한국 남성들은 액션 영화에 캐스팅하고 싶을 만큼 박력이 넘친다. 각진 얼굴, 불거진 턱, 가늘고 치켜 올라간 눈 때문이기도 하지만, 끝을 올리는 그 독특한 말투도 한몫하는 것 같다.

과거 인기 텔레비전 드라마 〈3학년 B반 긴파치 선생〉의 주인공인 선생님도 말끝을 올리며 학생들에게 설교를 늘어놓곤 했다.

"이 녀석들, 너희가 무슨 짓을 한 건지 알고 있는 거야?"

흉내내보면 알 수 있는데, 말할 때 턱을 내밀지 않고 말끝을 올리는 건 불가능하다.

장난삼아 한번 해보기 바란다. 신기하게도 아무나 붙잡고 시비를 걸거나 트집을 잡고 싶어질 것이다.

폭력배도 아니면서 말할 때 턱을 내밀고 말끝을 올리는 사람은 대개 도전적이고, 세상에 대해 반감을 품고 있는 경우가 많다. 폭력배나 양아치 흉내를 내면서 일부러 이런 식으로 상대방을 윽박지르는 사람도 더러 있다.

그러나 머리 나쁜 여고생들처럼 말 꼬리를 길게 빼고 내뱉듯이 말끝을 올리면 박력도 없을뿐더러 멍청해 보인다. 말할 때 턱을 바짝 당겨야 야무지고 영리해 보인다.

턱을 내밀고 말하면 자칫 멍청해 보일 수도 있다. 턱을 쑥 빼고 입을 벌린 채 "저기 말이지" 하고 느릿느릿 소심하게 말하면 바보 그 자체로 보일 것이다.

반면에 턱을 바짝 당기고 말하는 사람은 야무져 보인다. 심리학에서는 의심 많고, 주의깊고, 신중하고, 상식적이고, 자기방어 본능이 강한 보수적인 사람이라고 한다.

또한 심리학적으로 턱을 바짝 당기는 행동은 몸을 둥글게 말아서 자신을 보호하려는 제스처다. 권투 선투의 파이팅 스타일을 보면 알 수 있다. 상체를 구부린 상태로 눈을 치뜨고 싸움 태세를 취하는 신중한 포즈 말이다.

상대방의 움직임을 한순간도 놓치지 않고, 공격을 먼저 읽어서 선제에 나선다. 수세에 몰렸을 때도 곧바로 방어자세를 취해 공격을 되받아칠 반격의 기회를 노린다.

일대일로 싸우는 레슬링이나 킥복싱에서도 턱을 바짝 당기는 동작은 기본이다.

이런 버릇을 가진 사람이 턱을 바짝 당기고 눈을 치뜨고 본다면 당신을 경계하거나 의심한다는 증거다.

그럴 때는 재빨리 화제를 바꾸거나, 사업 이야기일 경우에는 결론을 흐지부지하게 만든 다음 얼른 자리를 접는 것이 좋다.

POINT

폭력배도 아니면서 말할 때 턱을 내밀고 말끝을 올리는 사람은 대개 도전적이고, 세상에 대해 반감을 품고 있는 경우가 많다. 반면에 턱을 바짝 당기고 말하는 사람은 야무져 보인다. 이런 버릇을 가진 사람이 턱을 바짝 당기고 눈을 치뜨고 본다면 당신을 경계하거나 의심한다는 증거다.

우뇌형 인간과 좌뇌형 인간의 시선 처리

뭔가를 생각할 때 눈길을 왼쪽으로 주는 버릇이 있는 사람은 우뇌형 인간이다. 말하자면 쉽게 감정에 치우치고 상황을 이미지로 받아들이는 타입이다. 반대로 눈길을 오른쪽으로 주는 사람은 좌뇌형 인간이다. 매사를 논리적으로 생각하고 처리하는 타입이다.

상대가 어떤 타입인지 알고 싶다면, "그 서류가방 좋네요. 어디서 사셨어요? 얼마나 해요?" 하고 일상적인 질문을 던져보라. "글쎄, 어디였더라?" 하고 생각에 잠기면서 시선이 오른쪽으로 향한다면 논리적인 타입이고, 왼쪽으로 향한다면 감정적인 타입이다.

POINT

뭔가를 생각할 때 눈길을 왼쪽으로 주는 버릇이 있는 사람은 우뇌형 인간이다. 말하자면 쉽게 감정에 치우치고 상황을 이미지로 받아들이는 타입이다. 반대로 눈길을 오른쪽으로 주는 사람은 좌뇌형 인간이다. 매사를 논리적으로 생각하고 처리하는 타입이다.

2 눈빛과 표정으로 상대방을 파악한다

눈을 똑바로 응시하면서 말하는 사람의 특징

이야기를 나눌 때 상대방의 눈을 피하는 사람은 믿음이 잘 가지 않는다. 그러나 지나지나치게 빤히 쳐다보는 것도 속셈이 있는 경우가 많다.

일반적으로 서양인은 이야기를 하는 내내 상대방의 눈을 쳐다본다. 하지만 동양인은 그렇지 못하다. 서로 눈을 맞추고 이야기하다가도 간간이 눈길을 돌린다. 특유의 대화 시 호흡 맞추기라고 할 수 있다.

그런데 동양인 가운데에도 상대방의 눈을 피하지 않고 빤히 쳐다보는 사람이 있다. 대화 상대가 이렇게 나올 경우, 거북해하고 부담을 느낀다.

상대방의 눈을 응시하고 말할 때는 대개 속셈이 있어서다.

연애 사기에서는 특히 더 그렇다. 젊은 여자가 인터넷 게시판에 애인을 구한다는 글을 올리면 별 볼일 없는 남자들이 구름같이 몰려든다. 그러면 여자는 데이트를 한답시고 남자를 보석집이나 모피 매

장에 데려가서 옴팍 바가지를 씌우려 든다.

수백만 원짜리 값비싼 물건을 고른 뒤 남자의 눈을 들여다보면서, "나는 능력 있는 자기 같은 남자가 좋더라" 하고 은근히 압력을 넣는다. 남자가 망설이면 다시, "내 눈이 거짓말하는 것처럼 보여요?" 하고 쐐기를 박는다.

이것은 거짓말쟁이들이 잘 쓰는 말이다. 눈이 거짓말을 하고 있다는 것을 아는 사람은 다 알지만, 이렇게 뻔뻔스럽게 나오면 넘어가는 사람도 있다.

그리고 상대방의 눈을 들여다보며 달콤한 말을 속삭이는 것은 바람둥이의 초보적인 기술이다.

"눈길에 취해서 그만 호텔까지 가고 말았어" 하고 멍청한 소리를 하는 여자들이 있다. 하지만 상대방 남자는 "간단히 넘어오던데" 하고 자랑스레 떠벌리면서 흐뭇한 웃음을 짓는다.

그런데 최근에는 사기꾼이나 바람둥이도 아니면서 말할 때 눈을 똑바로 쳐다보는 사람이 늘고 있다. 영업직이나 판매직 종사자들 가운데 그런 사람이 많다.

영업용 매뉴얼이나 성공 철학 지침서에 '상대방을 설득하려면 눈을 쳐다보면서 말하라' 는 내용이 나오기 때문이다. 아무래도 그 영향이 큰 것 같다. 매뉴얼 시대를 반영해, 매뉴얼 없이는 아무것도 못 하는 젊은이들이 늘고 있다.

이야기할 때 눈을 응시하면 상대편 눈의 표정이나 시선의 움직임을 관찰할 수 있고, 나아가 마음을 읽을 수 있다.

그런 장점이 있겠지만, 동양인은 서양인과 달리 상대방의 눈을 똑바로 응시하지 않는다. 그러면 무슨 속셈이 있겠다 싶어 이야기 내용을 건성으로 들어 넘기는 경우도 있다. 상대방에 대한 호감도 역시 떨어질 수 있다.

POINT

일본사람 가운데에도 상대방의 눈을 피하지 않고 빤히 쳐다보는 사람이 있다. 대화 상대가 이렇게 나올 경우, 일본사람은 거북해하고 부담을 느낀다. 일본사람, 그것도 성인이 상대방의 눈을 응시하고 말할 때는 대개 속셈이 있어서다.

변명할 때 눈을 똑바로 쳐다보는 사람은 거짓말쟁이

남자는 상대방의 눈을 보면서 거짓말을 못한다. 바람피운 사실이 들통나게 생겼을 때, "내 눈을 보면서 말해요" 하고 몰아세우면, 아내의 얼굴을 똑바로 보지 못한다. 대충 변명을 둘러댈 때는 아내의 시선을 피하려 든다.

얼굴을 쳐다보면 변명이나 거짓말을 계속할 수 없기 때문이다.

현장을 들키더라도 절대로 바람피운 사실을 인정하지 말라고 큰소리치는 사람도 있다. 하지만 대부분의 남자들은 바람피운 사실을 인정하고 만다. 근성이 없거나 한심한 남자여서 그런 것이 아니다. 일반적으로 남자라는 존재는 상대방의 눈을 보면서 거짓말을 못하는 것뿐이다.

그러나 여자는 다르다. 상대방의 눈을 쳐다보면서 태연히 거짓말을 한다. "이렇게 증거가 있는데도 바람피운 사실을 인정하지 않을 셈이야? 당신, 내 눈을 보면서 아니라고 우길 수 있어?" 하고 화를 내며 따져도, 남편의 눈을 똑바로 쳐다보면서 천연덕스럽게 바람피운 적 없다고 시침을 뗀다.

사람은 상대방의 눈을 보면서 거짓말을 못한다는 일반론이 이런 여자에게는 적용되지 않는다.

한편, 집요한 사람도 상대방의 눈을 응시한다

이야기를 나눌 때 상대방의 눈을 응시하는 사람 중에는 또 다른 타입이 있다.

왠지 쳐다보는 눈초리가 산뜻하지 않고 집요해 보인다.

이런 타입은 일반인의 상식에서 벗어난 감각을 지녔는데, 정작 본인은 그 사실을 인식하지 못한다. 자기확신이 강하기 때문에 의견을 말할 때에도 상대방의 눈을 똑바로 쳐다본다. 그 눈에는 자신의 말이 옳으니 수용하라는 강요의 빛이 엿보인다.

이런 사람에게는 타인의 생각이나 감정을 배려하는 의식도 상식도 없다. 직장 동료나 지인 중에 이런 사람이 있으면 어떻게 대응해야 할지 난감하다.

일반적으로 남자라는 존재는 상대방의 눈을 보면서 거짓말을 못한다. 그러나 여자는 다르다. 상대방의 눈을 쳐다보면서 태연히 거짓말을 한다. 고로 사람은 상대방의 눈을 보면서 거짓말을 못한다는 일반론은 이런 여자에게는 적용되지 않는다.

대화할 때 주고받는 눈빛의 의미

이야기를 들을 때 당신은 상대방의 눈을 똑바로 쳐다보는가, 아니면 눈길을 피하는가?

일반적으로 동양인은 시선을 맞추었다가 딴 데로 돌렸다가 한다. 이야기를 하는 사람도 마찬가지인데, 그렇게 해서 대화의 호흡을 가늠한다. 대부분의 사람들이 무의식적으로 그렇게 한다. 그런 행동양식이 몸에 밴 것이다.

그리고 서로 눈으로 이야기를 나눈다. '아이 콘택트'이다. 상대방의 이야기에 대해 자신의 생각을 강하게 내세울 때는 순간적으로 상대방의 눈을 쳐다본다. 동의하든 부정하든 자신의 뜻을 정확히 전달할 필요성을 느낄 때도 아이 콘택트를 시도한다.

호의적인 반응을 보일 때는 "응응" 하고 동의하면서 고개를 끄덕이고, 상대방의 눈을 한동안 응시할 것이다.

한편 아무리 솔깃한 이야기를 해도 관심이나 흥미를 못 느낄 때에는 시선을 비스듬히 던지면서 상대방의 눈을 피할 것이다. 상대방의 이야기에 관심이 없다는 것을 암시적으로 전달하기 위한 태도다.

상대방의 눈을 응시하는 동작에는 의식적이거나 무의식적인 많은 메시지가 담겨 있다. 대화의 피드백을 기대하거나 상대방의 마음을 확인하고 싶을 때에는 의식적으로 상대방의 눈을 응시한다. 그리고 상대방에게 호감이나 적대감을 가졌을 때에는 무의식적으로 상대방의 눈을 응시한다. 후자인 경우에는 무의식적으로 빤히 쳐다보게 된다.

심리학에서는 일반적으로 마주 보며 이야기를 나눌 때 여성이 남성에 비해 상대방의 눈을 쳐다보는 경향이 강하다고 한다. 그 사실을 모르고 상대 여성이 자기에게 마음이 있다고 착각해서 집적댔다가는 창피를 당할 수도 있다. 앞서 말했듯이 적대감의 표현인 경우도 있기 때문이다.

또한 여성은 상대방에게 호의를 느낄 경우, 상대방의 이야기를 들을 때보다 자신이 이야기를 할 때 상대방의 눈을 더 응시하는 경향이 있다.

반면, 잘못을 사과할 때 상대방의 얼굴을 똑바로 쳐다보는 사람이 있는데, 어떤 심리일까? 본인은 상대방의 얼굴을 똑바로 쳐다보는 것이 성의 있는 사과의 태도라고 생각할지 모른다.

그러나 고객의 가정에 사과 방문을 가서는 납득할 만한 해명도 없이, 화를 내는 고객의 얼굴을 빤히 보면서 고개만 끄덕인다면 어떻게 될까? 고객은 노엽기만 한 것이 아니라 그 직원이 자신을 무시한다고 생각할 것이다.

겉으로는 고객의 얼굴을 보고 있지만, 속으로는 "귀찮은 손님이군. 얼른 끝나야 할 텐데. 대충 사과하는 척하고 빨리 퇴근해야지" 하고 생각하고 있을지도 모른다.

진심으로 사과하는 마음이 있다면 진지한 태도로 머리를 숙여야 한다.

POINT

상대방의 눈을 응시하는 동작에는 의식적이거나 무의식적인 많은 메시지가 담겨 있다. 대화의 피드백을 기대하거나 상대방의 마음을 확인하고 싶을 때에는 의식적으로 상대방의 눈을 응시한다. 그리고 상대방에게 호감이나 적대감을 가졌을 때에도 무의식적으로 상대방의 눈을 응시한다.

눈빛이 허공에서 흔들릴 때의 심리상태는?

비리 국회의원이 벌떼같이 몰려든 기자들 앞에서 횡령 의혹을 추궁당할 때, "절대로 그런 일 없습니다" 하고 억지웃음을 지으며 일언지하에 부정하는 장면을 뉴스 같은 데서 자주 보게 된다. 이때 그 국회의원의 눈에는 곤혹스런 기색이 어리고, 눈빛은 허공에서 흔들린다.

사람은 궁지에 몰려 순간적인 거짓말을 할 때, 눈빛이 허공에서 흔들린다. 텔레비전 카메라는 그 순간을 놓치지 않고 적나라하게 보여준다.

현장에 있던 리포터나 기자는 물론 방송을 본 시청자들도 해당 의원의 표정에서 뭔가 숨기는 게 있다고 직감적으로 느끼게 된다. 그리고 비리 혐의에 대한 심증을 굳힌다.

이때 눈빛이 허공에서 흔들리는 이유는 거짓말을 해서일 수도 있고, 횡령 사실이 발각되어 심리적으로 동요해서일 수도 있다.

배포 두둑한 정치가라면 시선을 한곳에 못 박고 당당하게 부정하거나 속이려 들 것이다.

사람은 궁지에 몰려 다급해지면 순간적으로 거짓말을 하게 되는 법이다. 어쩌면 그런 거짓말을 하지 않는 사람이 드물 것이다.

그런 순간에 거짓말을 하는 사람은 신뢰할 수 없다고 말할 수도 있다. 하지만 그렇기 때문에 더 인간답게 느껴진다고 볼 수도 있지 않을까?

한편 눈을 자주 깜박인다면, 그 사람은 긴장해서 정신적인 여유가 없거나 소심한 상태다.

심리학에서는 눈을 깜박이는 횟수는 긴장 정도를 나타낸다고 한다. 눈을 많이 깜박일수록 긴장하고 있다는 말이 된다.

사람은 보통 1분에 20번 정도 눈을 깜박인다.

일본의 유명한 도지사는 기자회견 자리에서 자주 눈을 깜박인다. 과격한 발언이 주특기이자 인기 비결인 강경파 정치인이지만, 눈을 심하게 깜박이는 걸 보면 의외로 소심한 성격일지도 모른다.

그 도지사의 경우는 버릇에 가까운 것 같다. 한편 평소에는 그렇지 않은 사람이 자주 눈을 깜박인다면 긴장하고 있다는 증거다. 이성교제나 협상의 자리에서도 상대방이 눈을 깜박이는 모습을 관찰함으로써 주도권을 잡을 수 있다.

POINT

사람은 궁지에 몰려 순간적인 거짓말을 할 때, 눈빛이 허공에서 흔들린다. 궁지에 몰려 다급해지면 순간적인 거짓말을 하고 싶어지는 법이다. 그런 순간에 거짓말을 하는 사람은 신뢰할 수 없다.

동공의 크기는 관심의 크기

어두운 곳에서 밝은 곳으로 나오면 빛에 반응해 동공이 줄어든다. 반대로 어두운 곳에서는 동공이 커지는데, 우리 눈의 동공이 카메라 렌즈와 같은 작용을 하기 때문이다. 동공은 안구 한가운데 있는 눈동자를 말한다.

동공은 빛에만 반응하는 것이 아니다. 빛의 양이 변하지 않더라도 동공의 크기는 변한다.

가령 여성의 누드 사진을 볼 때 남성의 동공은 광선과는 상관없이 커진다.

시카고대학 심리학 교수인 에크하르트 H. 헤스는 '동공의 크기와 흥미도'에 관한 실험을 했다. 피실험자인 남성과 여성에게 '풍경', '남성의 누드', '여성의 누드', '아기', '아기를 안은 어머니'를 찍은 다섯 장의 사진을 보여주고 동공의 크기 변화를 관찰했다.

그 결과 남성은 '여성의 누드'에, 여성은 '아기를 안은 어머니', '남성의 누드', '아기' 순으로 동공이 확대되는 것을 확인할 수 있었다.

이처럼 우리의 동공은 뭔가에 흥미를 느끼면 커지는 특징이 있다. 반대로 보고 싶지 않은 것이나 무서운 대상 앞에서 거부 심리가 작동할 때나 의기소침할 때에는 동공이 작아진다.

평소 우리는 사람의 눈을 보지만 동공의 변화까지 살피지는 않는다. 시력이 좋지 않은 경우에는 어렵겠지만, 가까운 거리라면 동공을 식별할 수 있다.

훈련을 통해 동공의 변화를 살필 수 있게 되면, 사업은 물론 개인적인 인간관계에서도 유용하게 써먹을 수 있다.

동공의 크기 변화를 관찰하고 싶다면 집에서 기르는 개를 대상으로 실험해보면 된다.

개의 눈앞에 먹음직스런 고기나 케이크를 들이대면서 "가만히 있어" 하고 명령을 내렸을 때, 개의 동공이 빠르게 커지는 것을 볼 수 있다. 그 확연한 변화에 깜짝 놀랄 것이다.

관심 있는 여성에게 시험삼아 도전해보는 것도 좋다. 선물이라고 명품 핸드백을 내놓으며 상대 여성의 동공 변화를 살펴보자. 만약에 동공이 커진다면 제대로 짚은 것이다. 문제는 그것이 선물을 한 당신에게 관심이 있을 수도 있지만 핸드백에만 반응했을 수도 있다는 사실이다.

어쨌든 간에 동공 관찰법은 여자의 마음을 떠보는 수단으로는 유용하다. 여러 가지 물건을 내놓고 반응을 살피거나 여러 여성들에게 닥치는 대로 시험해보는 방법도 있다.

이때 상대 여성이 우롱당하고 있다는 느낌을 받지 않도록 신중을 기할 필요가 있다.

POINT

우리의 동공은 뭔가에 흥미를 느끼면 커지는 특징이 있다. 훈련을 통해 동공의 변화를 살필 수 있게 되면, 사업은 물론 개인적인 인간관계에서도 유용하게 써먹을 수 있다. 관심 있는 여성에게 한번 시험해보자.

상대방을 훔쳐보는 사람에게는 숨겨진 속셈이 있다

처음 만난 자리에서 명함을 교환할 때 묘한 분위기가 감도는 경우가 있다. 부자연스럽다고 할지 불온하다고 할지, 하여튼 그 자리가 거북하다. 그런 느낌을 받지 않았다면 서로 자연스럽게 인사를 나눈 것이다.

묘한 분위기가 감도는 것은 어느 한 사람이 속셈을 가졌거나 상대방을 경계해서 그렇다. 그런 좋지 않은 '기운'이 그 자리를 불편하게 만든다.

명함을 교환하고 인사를 할 때 고개를 들면서 상대방의 얼굴을 훔쳐보는 사람이 있다. 재빨리 상대방의 표정을 살피는 것이다. 무의식중에 그런 행동을 하는 사람이 의외로 많다. 개중에는 고개를 숙이면서 인사하는 도중에 상대방의 얼굴이나 눈을 훔쳐보는 사람도 있다.

심리학에서는 자신의 우위성을 과시하기 위해 이런 행동을 보인다고 한다. 두 사람 모두 상대방의 얼굴을 훔쳐본다면 서로서로 우위성을 내세우고 있다는 이야기다. 그렇기 때문에 분위기가 이상해지는 것이다. 사실 이런 행동 하나에도 복잡한 의도가 감추어져 있으며, 그러다 보니 인간관계가 어려워진다.

그렇다면 이런 불편한 분위기를 미연에 방지하고, 나아가 상대방의 기를 팍 꺾으려면 어떻게 해야 할까?

명함을 교환한 뒤 공손하게 머리 숙여 인사를 하고, 그런 다음에는 정면을 보면서 차려 자세를 취하면 된다. 사심 없는 당신의 기운이 상대방의 사악한 기운을 누르기 때문에, 상대방의 페이스에 말려들지 않고 분위기를 이끌어갈 수 있다.

그런가 하면 때때로 눈을 치뜨고 상대방을 노려보는 사람이 있다. 대개는 정신적, 논리적으로 궁지에 몰렸을 때 이런 눈초리로 맞선다. 이때 마음속에는 상대방에 대한 미움이 가득하다.

대개 이런 눈초리를 가진 사람은 성격이 좋지 않다.

예컨대 어려서부터 부모에게 학대받거나, 자라면서 주위 사람들에게 무시당하거나, 집단 따돌림을 겪거나 하면 이렇게 된다. 세상이나 사람들에 대한 원한이 깊은 것이다.

이런 사람들은 항상 고개를 숙이고 있으며, 마음속에는 적개심이 불타고 있다. 그래서 초등학생이나 될까 말까 한 나이의 어린아이가 눈을 치뜨고 어른을 노려보는 것이다.

뭐든 남과 비교하고 지기 싫어하는, 지나치게 경쟁심 강한 사람도 마찬가지다. 인간관계에서도 자신에게 상황이 불리하게 돌아가면 눈을 치뜨고 상대방을 노려본다.

성장환경 탓이든 지나친 경쟁심 탓이든, 눈을 치뜨고 사람을 노려본다는 것은 상식적으로 이해하기 어려운 행위다. 자신에게 적개심을 품은 사람이 있다는 것도 무서운 일이니, 그 이상 몰아세우지 않는 것이 현명하다.

POINT

자신의 우위성을 과시하기 위해 이런 행동을 보인다. 두 사람 모두 상대방의 얼굴을 훔쳐본다면 서로서로 우위성을 내세우고 있다는 이야기다. 그럴 때에는 먼저 공손하게 머리 숙여 인사를 하고, 그런 다음에 정면을 보면서 차례 자세를 취하면 된다.

생각에 잠길 때 눈을 감는 사람은 조심성이 많다

상담을 청하거나 질문을 던졌을 때 눈을 감고 생각에 잠기는 사람이 있다.

가령 중요한 사안에 대해 조언을 구했을 때, 잠시 기다리라고 점잖게 한마디 던지고는 흐음, 하고 머리에 손을 가져가서 머리칼을 쥐어뜯으며 눈을 감는다. 그 상태로 생각에 잠기는 것이다. 완벽한 진지 모드이다.

이것은 상대방의 부탁을 매우 진지하게 받아들이는 태도이기도 하다.

이렇게 하면 집중이 잘 될지는 몰라도, 함께 있는 사람으로서는 거북하기 짝이 없다.

눈을 감고 있는 시간이 몇 초 정도면 괜찮지만, 몇십 초씩 간다면 기다리는 자체가 고역이다.

눈을 감고 있으니 괜찮겠지 하고 코를 후비거나 하면서 무료함을 달랜다. 어차피 못 볼 테니까 상관없겠지, 하고 눈을 감았더니 졸음이 온다. 뭐, 그런 일까지야 없겠지만 아무튼 난처한 상황인 것은 분명하다.

사람들은 왜 생각에 잠길 때 눈을 감는 걸까? 단순한 버릇이겠지만 이런 사람에게도 성격적인 특징이 있지 않을까 싶다. 대개 '선생님'이라는 호칭으로 불리는 사람들이 이런 버릇을 자주 보인다. 권위적인 사람이란 뜻이다. 사람들이 조언을 구하거나 의견을 물으려고 찾아오는 경우가 많다 보니, 거드름을 피우면서 대답하는 것이 습관이 된 것이다.

그런데 이것을 방편으로 이용하는 사람도 있다. 사기꾼이나 교활한 장사치들이 그렇다. 사람들에게 쫓기거나 추궁당하는 일이 일상화된 터라 붙잡히더라도 여유작작하다.

눈을 감고서 으흠, 하고 생각에 잠기는 척하지만 실은 아무 생각도 안 한다.

기껏해야 그 자리에서 어떻게 달아날지 궁리나 하고 있다. 더 강심장인 사람은 "어제 그 술집 아가씨들 다 괜찮았단 말이야. 오늘은 그 아가씨하고 이차나 갈까" 하고, 엉뚱한 생각을 하면서 히죽거리기도 한다.

눈을 감는 것은 상대방에게 자신의 마음을 읽히지 않겠다는 뜻이기도 하다. 하지만 상대방에게는 썩 유쾌한 일이 아니며, 그런 행동을 아무렇지 않게 할 수 있다는 것은 타인의 기분 따위는 안중에 없는 사람이라는 말이 된다.

연예 담당 리포터에게 불륜 사실을 들켰을 때 이 수법을 쓰는 연예인도 있다.

흐음, 하고 턱을 약간 들고 눈을 감은 채 장고에 들어간다. 그동안 어떻게 변명할지 잔머리를 굴리고 있을 테니 교활한 사람임에 틀림없다.

POINT

대개 '선생님'이라는 호칭으로 불리는 사람들이 이런 버릇을 자주 보인다. 권위적인 사람이란 뜻이다. 사람들이 조언을 구하거나 의견을 물으려고 찾아오는 경우가 많다 보니, 거드름을 피우면서 대답하는 것이 습관이 된 것이다.

꿈을 상실하면 엉덩이가 처진다

'눈은 마음의 창'이라는 말이 있듯이, 눈은 그 사람의 마음상태를 여실히 보여준다.

꿈을 상실하거나, 인생에 절망하거나, 슬픔의 늪에 빠지거나, 심한 정신적 충격을 받으면 눈에서 빛이 사라지면서 죽은 눈이 된다. 마음이 답답하고 울적하며, 우울증에 걸린 경우에도 눈빛이 공허해진다.

심한 경우에는 눈이 초점을 잃고 멍하니 허공을 헤매기도 한다. 도촬(盜撮) 행위가 발각되어 해명 기자회견장에 나타난 어느 연예인의 눈이 꼭 그랬다. 힘없이 허공을 헤매는 죽어버린 눈빛을 보고 충격을 받았다.

꿈을 잃어버리고 인생에 절망하면 눈빛이 죽는다. 그리고 엉덩이도 처진다.

그런데 왜 엉덩이가 처지는 것일까? 예로부터 전해지는 일본의 무도요법이나 한의학의 정체(整體, 지압이나 마사지 등으로 몸의 골격

과 균형을 바로잡아 건강 증진과 체질 개선을 꾀하는 요법-옮긴이)에서는 마음을 지닌 장기인 폐나 심장과 허리(골반)를 연관지어 생각한다. 사실 허리와 마음은 밀접한 관계가 있으며, 허리는 마음의 중요한 부분이다.

'허리가 무겁다'는 표현이 있는데, 이것은 단순히 허리(골반)의 무게를 뜻하는 것이 아니다. 어떤 일을 할 때 산뜻하게 털고 일어서지 못해 꾸물거리고, 쉬이 결단을 내리지 못해 좀처럼 행동에 옮기지 못하는 태도를 이른다.

반대로 '허리가 가볍다'는 표현은 어떤 일을 곧바로 실행에 옮긴다는 뜻이다. 요컨대 마음의 상태에 따라 허리가 무거울 수도, 가벼울 수도 있다는 것이다.

그 밖에도 '허리를 들다'(일에 착수하다), '허리를 넣다'(일에 본격적으로 뛰어들다), '허리가 높다'(거만하다), '허리가 낮다'(겸손하다), '허리가 약하다'(끈기가 없다), '허리가 빠지다'(기겁하다), '허리를 꺾다'(굴복하다), '허리를 앉히다'(전력을 다하다) 같은 표현이 있는데, 모두 마음을 반영한다. 일본말에는 허리와 마음을 관련지은 표현이 실로 많다.

옛날부터 일본에서는 허리(골반)에 그 사람의 마음이 나타난다고 여겼던 것이다. 실제로 엉덩이가 올라붙거나 처진 정도를 보고 그 사람의 장래성과 가능성을 예측하기도 했다.

텔레비전에서 스모 경기를 보고 있자면, 어떤 선수의 엉덩이가 처진 것처럼 느껴질 때가 있다. 이상하게도 엉덩이가 처진 것 같다 싶은 선수는 대개 그 대회를 끝으로 은퇴를 하는 것이다. 그런 일이 여러 번 있었다. 대부분의 선수는 '체력과 기력의 한계' 때문이라고 은퇴 이유를 설명하는데, 기력을 잃어버렸기 때문에 엉덩이가 처지는 것이다.

POINT

꿈을 상실하거나, 인생에 절망하거나, 슬픔의 늪에 빠지거나, 심한 정신적 충격을 받으면 눈에서 빛이 사라지면서 죽은 눈이 된다. 마음이 답답하고 울적하며, 우울증에 걸린 경우에도 눈빛이 공허해진다. 이때는 허리가 마음을 반영하므로 엉덩이도 처지게 된다.

콧방울의 상태와 심리상태

홍분하면 콧방울이 부풀어 오르는 사람이 있다.

스모 명문가 출신으로 요코즈나를 지낸 와카노 하나가 그랬다. 우승을 가르는 중요한 경기에서 제한 시간이 다될 때까지 거듭 맞붙을 태세를 갖추는 동안에 이미 콧방울은 잔뜩 부풀어 올라 있었다.

그 선수는 이런 모습을 보여줄 때 대개 경기에서 이겼다. 거구의 요코즈나 아케보노와의 우승을 건 한판승부에서도 멋지게 콧방울이 부풀어 있었다. 와카노 하나의 승리를 예상했더니, 과연 70~80킬로그램의 체중 차에도 불구하고 아케보노를 씨름판 밖으로 내던지며 승리를 거머쥐었다.

이런 사실은 동생인 다카노 하나도 증언하고 있다.

"(형이) 자세를 가다듬는 동안에 콧방울이 잔뜩 부풀어 오른 모습을 보고 틀림없이 이길 거라고 생각했습니다."

선수 시절 와카노 하나의 부풀어 오른 콧방울은 기력이 충만했음을 나타냈다.

와카노 하나만큼은 아니지만 씨름판에서 맞붙을 태세를 갖출 때에 콧방울이 부풀어 오르는 스모 선수는 그 밖에도 많다. 다만 와카노 하나는 덩치는 작지만 강한 투지와 근성으로 밀어붙이는 타입이기 때문에, 다른 스모꾼들보다 콧방울이 더 많이 부풀어 올랐던 것이리라.

그런데 왜 유독 콧방울이 부풀어 오르는 걸까?

보통 스모 선수들은 맞붙기에 앞서 입을 굳게 다물고 코로 숨을 쉰다. 전의가 고조되지만 입으로 호흡해서는 안 된다. 맞붙기 위해 일어서면서 숨을 멈추고, 돌진해서 싸우는 동안에는 숨을 들이쉬지 않는다. 스모는 그런 것이다. 다만 숨을 내쉴 뿐이다. 그렇게 함으로써 순간적으로 힘을 발휘할 수 있다. 그러니 돌격에 앞서 숨을 한껏 들이마셔 두어야 한다.

숨을 참으면서 코로만 호흡해야 하는 제약과 승부에 대한 긴장감으로 인해 콧방울이 부풀어 오르는 것이리라.

좀 다른 이야기지만, 성적으로 흥분했을 때 콧방울이 부풀어 오르는 여자가 있다. 그 이유를 궁금해하는 남성들도 있을 것이다.

이것은 흥분했다는 사실을 상대 남성에게 들키지 않으려고 억제하는 의식이 작용하기 때문이다. 숨이 차지만 입으로 헐떡이지 않으려고 애쓰다 보니, 흥분이 코로 가서 콧방울이 부풀어 오르는 것이다. 연기가 아니라 진짜로 흥분했다는 증거이다.

참고로, 성과학에서는 여성이 정말로 흥분했는지 여부는 땀이 나는 상태를 보면 알 수 있다고 한다. 여자가 오르가슴에 도달하면 온몸에 땀이 배어난다고 한다. 방이 너무 덥지 않다면, 오르가슴 말고는 전신에 땀이 나는 일은 없다.

또 하나의 측도는 발가락의 반응을 보는 것이다. 한쪽 발의 발가락이 경련을 일으킨 것처럼 휜다. 또한 한쪽 발 전체가 경련을 일으키거나 발에 힘이 꽉 들어가는 듯한 반사가 일어난다면 오르가슴에 도달한 것이 틀림없다.

POINT

보통 스모 선수들은 맞붙기에 앞서 입을 굳게 다물고 코로 숨을 쉰다. 전의가 고조되지만 입으로 호흡해서는 안 된다. 그렇게 함으로써 순간적으로 힘을 발휘할 수 있다. 숨을 참으면서 코로만 호흡해야 하는 제약과 승부에 대한 긴장감으로 인해 콧방울이 부풀어 오르는 것이다.

입술을 핥는 것은 홍미를 느낀다는 증거

품위 있는 동작은 아니지만 혀로 입술을 핥는 버릇을 가진 사람이 있다. 습도가 낮은 겨울철도 아니고 실내가 건조하지도 않은데 입술을 핥는 것은 어떤 심리일까?

혀로 입술을 핥는다고 하면 만화영화 장면이 퍼뜩 떠오른다. 눈앞의 양을 보면서 늑대가 입맛을 다시는 모습 말이다. 만화영화에서는 혀로 입술 전체를 쓱 핥지만, 이것은 지나친 과장이며 의인화된 동작이다. 개를 보면 금방 알 수 있다. 맛있는 음식을 눈앞에 들이대면서 '가만있어' 하고 명령을 내리면 군침을 흘리지 입술을 핥거나 하지 않는다.

입술을 핥는 것은 사람에게서만 볼 수 있는 동작이다. 입술을 핥는다는 것은 관심이나 홍미가 있다는 증거다.

먹음직스런 음식을 보면서 날름 입술을 핥는 사람이 간혹 있다. 심리학 책에는 관심이나 홍미, 욕망을 감추지 못해서 무의식중에 입술을 핥는다고 나오는데, 현실에서는 그런 버릇을 가진 사람이 거의

없다.

그러나 이야기를 나눌 때 자주 입술을 핥는 사람은 실제로 있다. 드물지만 버릇처럼 입술을 핥으면서 이야기하는 사람도 있다. 이런 사람은 성격이 집요한 경우가 많다.

또한 화가 났거나 화를 억누를 때 사람들은 입술을 깨문다. 후회를 하거나 유감스러운 결과에 대해 수용할 수 없는 심정일 때도 입술을 깨문다.

상대방이 입술을 깨문다면, 당신에게 화가 났을지도 모른다. 원인이 다른 데 있다고 해도 심리적으로 언짢은 상태이니 말을 조심하고, 어리석은 소리는 삼가는 게 좋다.

"입술을 깨무는데, 뭐 화나거나 곤란한 일이라도 있으세요?" 하고 주책없이 묻다가는 분노의 화살이 당신에게 향할 수도 있다.

POINT

이야기를 나눌 때 자주 입술을 핥는 사람이 있다. 드물지만 버릇처럼 입술을 핥으면서 이야기하는 사람도 있다. 성격이 집요한 경우가 많다.

당신의 두 얼굴,
오른쪽과 왼쪽

당신은 자신의 얼굴에서 오른쪽과 왼쪽, 어느 부분을 좋아하는가?

이런 느닷없는 질문에 대답할 수 있다면 평소 자신의 얼굴에 관심이 많은 사람이다. 얼굴에 대한 애착이 강해서 거울 앞에서 자기 얼굴을 찬찬히 뜯어보거나 할 것이다. 좌우 어느 쪽을 좋아하든지 자기애가 강한 사람이라 할 수 있다. 배우라면 항상 표정을 연구할 테니, 자신의 좌우 표정 차이를 잘 알고 있을지도 모른다.

대부분의 사람은 오른쪽 얼굴과 왼쪽 얼굴의 인상이 다른데, 의외로 그 사실을 모르는 사람이 많은 듯하다.

그런데 왜 인상이 다른 걸까? 본디 사람의 얼굴은 정확한 좌우대칭이 아니다. 또한 정신적인 측면이나 음식을 씹는 습관 같은 물리적인 영향에 의해서도 얼굴에 뒤틀림이 생긴다.

얼굴의 오른쪽 절반은 좌뇌, 왼쪽 절반은 우뇌가 지배하는 것도 원인이 될 수 있다.

좌뇌는 논리와 지성을 관장하고, 이성적인 판단이 여기서 이루어진다. 우뇌는 정서와 감정을 관장하고, 음악이나 미술 같은 예술적인 영감이 탄생한다. 동시에 우뇌는 몸의 왼쪽 절반을, 좌뇌는 오른쪽 절반을 지배한다.

그래서 오른쪽 얼굴에는 지성이, 왼쪽 얼굴에는 정서나 감수성이 더 많이 배어난다.

참고로, 심리학에서는 자신의 오른쪽 얼굴을 좋아하고 남들에게 오른쪽 얼굴을 보여주고 싶어하는 사람은 지성이나 자신감을 과시하려는 경향이 있다고 말한다.

한편, 웃을 때 경련을 일으키듯 얼굴이 뻣뻣하게 굳는 것은 뭔가 숨기는 것이 있어서 그렇다

대개 어떤 사실을 들켰을 때 웃으면서 부정하려 들지만 얼굴은 뻣뻣하게 굳어 있다. 웃으려고 해도 뺨이 경련을 일으키듯 실룩거린다.

이것은 뇌가 웃기를 거부하고 있어서 그렇다. 웃고 있을 심리상태가 아닌데도 억지로 웃으려니까 뺨 근육이 뻣뻣하게 굳어버리는 것이다. 마음은 속일 수 없다는 증거다.

POINT

본디 사람의 얼굴은 정확한 좌우대칭이 아니다. 그러나 정신적인 측면이나 음식을 씹는 습관 같은 물리적인 영향에 의해서도 얼굴에 뒤틀림이 생긴다. 얼굴의 오른쪽 절반은 좌뇌, 왼쪽 절반은 우뇌가 지배하는 것도 원인이 될 수 있다.

동양인은 남보다 길게 웃는다

일반적으로 서양인은 동양인에 비해 표정 변화가 빠르다.

일이 순조롭게 풀려 외국계 기업과의 계약을 따낸 A씨. 기쁜 마음에 만면에 웃음을 띠고 "굿 럭" 하고 인사하며 거래처의 영국인과 악수를 나누고 헤어졌다. 그 순간 영국인은 즉시 무표정한 평상시 얼굴로 돌아갔지만, A씨는 영국인이 떠나는 뒷모습을 보면서 여전히 웃고 있다. 표정 근육이 주책없이 실룩거려 웃음의 여운이 가시지 않는다.

사실 이런 사람이 의외로 많다. 역같이 사람이 많이 모이는 장소에서 관찰해보라. 친구나 지인과 인사를 나누고 헤어져 혼자 걸어가면서 실없이 히죽히죽 웃는 사람을 자주 보게 될 것이다. 도가 지나쳐 수상쩍고 위험해 보이는 사람도 있다.

외국인들은 동양인이 실없이 잘 웃는다고 하는데, 그렇게 웃는 데는 이유가 있다. 동양인은 서양인처럼 순식간에 표정을 바꾸지 못한다. 서양인에 비해 볼 근육을 사용하는 훈련이 부족해서 그렇다.

웃음은 볼 근육이 이완되면서 일어난다. 볼 근육이 유연하고 근력도 좋으면 시원스레 웃어지고, 표정도 재빨리 바꿀 수 있다.

치과 의사인 Y씨에 따르면 볼의 근력은 입술 근육의 강약이 좌우한다고 한다.

입술 근육이 강하면 입을 다무는 힘도 강한데, 이것을 구순폐쇄력(口脣閉鎖力)이라고 한다. 구순폐쇄력이 약하면 잘 웃을 수 없고, 웃은 후에 평상시 표정으로 돌아가는 것도 늦다.

구순폐쇄력은 아기 때 엄마 젖을 입술로 빠는 훈련을 통해 길러진다. 이것은 분유를 먹고 자라면 길러지기 어렵다. 젖병에 든 우유는 입술을 사용하지 않아도 먹을 수 있기 때문이다. 그래서 어른이 되어서도 구순폐쇄력이 약하다. 또한 입 호흡 습관이 있는 사람도 구순폐쇄력이 약하다.

POINT

동양인은 서양인처럼 순식간에 표정을 바꾸지 못한다. 서양인에 비해 볼 근육을 사용하는 훈련이 부족해서 그렇다고 한다. 그리고 구순폐쇄력이 약하면 잘 웃을 수 없고, 웃은 후에 평상시 표정으로 돌아가는 것도 늦다.

잘 웃지 않는 중국사람

"중국사람은 왜 웃지 않지?"

"웃기지도 않는데 뭐하러 웃어?"

"사람을 만났을 때 가볍게 미소를 짓는 건 만국공통인데, 중국사람만 예외잖아."

"웃는다고 돈이라도 생기니?"

"아니, 그런 건 아니지만."

"그럼 웃을 필요 없지."

이렇듯 중국사람은 잘 웃지 않는다. 그러기는커녕 사교적인 웃음조차 인색하다.

이것은 역사적인 영향 때문이다. 중국은 워낙 대국인지라 전란과 외침이 끊이지 않았고, 그로 인해 사람들 사이에도 신뢰감이 싹트기 어려웠다.

웃어서 이득 될 것도 없을 바에 실없이 웃지 않는다. 뭔가 자신에게 돌아오는 것이 있을 때에만 웃는다. 게다가 대가를 받는 것이 당연한 상황에서는 웃지 않는다.

평소에 잘 웃지 않기 때문에 어쩌다가 웃으면 어색하고 가식적으로 비친다. 옛날 브루스 리 영화나 홍콩 코믹물인 〈미스터 부(半斤八兩)〉 시리즈를 봐도 그렇다.

출연 배우들의 웃는 모습이 왠지 어색하고, 억지웃음이나 헛웃음처럼 보인다. 그래서 진짜 웃는 장면인데 연기가 서툴러서 그렇게 보이는 건지, 아니면 본래 억지웃음을 짓는 장면인지 구별이 가지 않을 때도 있다.

이처럼 중국사람은 유독 웃음에 관해서 인색하다. 설령 배우라 하더라도 멋지게 웃는 모습을 연기하라고 요구하기는 어려울지 모른다.

POINT

중국은 워낙 대국인지라 전란과 외침이 끊이지 않았을 테고, 그로 인해 사람들 사이에도 신뢰감이 싹트기 어려웠을 것이다. 웃어서 이득 될 것도 없을 바에 실없이 웃지 않는다. 뭔가 자신에게 돌아오는 것이 있을 때에만 웃는다.

매정한 사람은 남의 얼굴에 관심이 없다

다음은 직장에서 여직원들끼리 점심시간에 나누는 대화이다.

강 : 이번에 들어온 오 말인데, 진짜 못생기지 않았니?

박 : 글쎄 말이야. 요즘 그렇게 크고 네모난 얼굴도 보기 드물지. 비가 오면 빗물이 다 들어가게 생긴 들창코에다 입도 웃기게 생겼어. 게다가 성격도 나빠 보이고.

자신의 얼굴은 아랑곳하지 않고 남의 얼굴을 두고 신나게 씹어댄다. 그때 다가온 조에게 동의를 구한다.

박 : 조야. 이번에 들어온 오, 너무 못생겼지?

조 : 별로 그런 생각 안 해봤는데.

강 : 말도 안 돼. 속으로는 너도 못생겼다고 생각하는 거 아냐?

박 : 그러게 말이야. 못생긴 사람은 누가 봐도 못생겼잖아.

조 : 사실 나는 남의 얼굴에 별로 관심이 없어.

다른 사람을 흉보는 자리에서는 모두가 동조해야 흥이 난다. 한 사람이라도 이의를 달면 갑자기 분위기가 썰렁해지고 만다.

예로부터 남의 얼굴을 가지고 이러쿵저러쿵 말하는 것은 예의 없는 행동으로 간주되었다. 남의 얼굴에 관심이 있어도 마음속의 생각을 입 밖에 내는 것은 좋지 않다. 그런 행동은 어린애들이나 하는 짓이다.

인간은 갓난아기 때부터 이미 다른 사람의 얼굴에 관심을 보인다. 발달심리학에서도 밝혀진 사실이다. 다른 사람의 얼굴에 흥미와 관심을 갖는 것은 당연하고, 원만한 사회생활을 위해서도 표정에서 다른 사람의 성격이나 인간성을 읽는 법을 배울 필요가 있다.

그런데 남의 얼굴에 별 관심이 없는 사람도 있다. 그런 사람은 동료들의 뒷담화에도 끼지 않고, 누가 물어도 자기생각을 잘 밝히지 않는다.

다른 사람의 얼굴에 대해 이러쿵저러쿵 떠드는 것은 좋지 않다고 말할 수도 있다. 하지만 얼굴에서 성격이나 인간성을 읽어내는 연습을 하려면 다른 사람의 생각을 아는 것도 중요하다.

사람들 앞에서는 입을 다물지만, 집에 돌아가서 누구는 이렇고 또 누구는 저렇고 멋대로 품평하는 사람도 있다. 가족들 앞에서 친구나 직장 동료들 이야기를 떠벌리는 사람도 있다.

여기서 문제 삼는 것은 그런 사람이 아니라, 남의 얼굴에 아예 관심이 없는 사람이다.

이런 사람은 어떤 성격의 소유자일까? 대개는 사람을 싫어하고,

정이 별로 없으며, 타인에 대한 관심이 부족하다. 남의 얼굴을 칭찬하거나 헐뜯는 감정은, 그 사람의 인간성은 제쳐두고라도 기본적으로 사람을 좋아하고 사람에 대한 관심과 흥미가 있어야 생겨나는 것이기 때문이다.

POINT

남의 얼굴에 아예 관심이 없는 사람은 사람을 싫어하고, 정이 별로 없으며, 타인에 대한 관심이 부족하다. 남의 얼굴을 칭찬하거나 헐뜯는 감정은, 그 사람의 인간성은 제쳐두고라도 기본적으로 사람을 좋아하고 사람에 대한 관심과 흥미가 있어야 생겨나는 것이기 때문이다.

얼굴보다 목소리가 예뻐야 하는 이유

목소리 미인이란 게 있다. 목소리가 예쁜 사람을 말하는데, 얼굴은 평범하거나 못생겨도 목소리가 빼어나게 아름답고 말투에 억양이 느껴져 듣고 있으면 빈할 정도다.

"현 씨 말이야, 정말 목소리가 예뻐. 전화 목소리만 들어도 가슴이 두근거린다니까"

"정말이야. 목소리만 들으면 그 매력에 빠져들고 말아. 얼굴을 떠올리면 깨지만"

멍청한 남자들이 주고받는 이야기다.

얼굴은 그저 그렇지만 목소리가 아름답고 말투도 매력적인 여성은 대개 내면도 훌륭하다. 얼굴과 마찬가지로 목소리에는 그 사람의 성격과 인간성, 됨됨이, 교양이 그대로 드러나기 때문이다.

따라서 목소리 역시 미인의 조건이라고 할 수 있다. 여배우에게도 아름다운 목소리는 중요하다. 얼굴뿐 아니라 목소리도 아름다워야 미녀 배우라고 할 수 있다.

젊을 때는 목소리가 미운 사람이 많지 않다. 낮은 목소리든 쉰 목소리든 아름답다.

그러나 마흔을 넘기면 목소리가 듣기 미워지는 사람이 많다. 노화가 목소리에서도 영향을 미치기 때문이다. 일반적으로 늙으면 노인 특유의 목소리로 변하는 사람이 많은데, 남자든 여자든 나이가 들어서도 목소리가 아름다운 사람이 있다.

개인차라고 말한다면 어쩔 수 없지만, 여성들 중에는 40~50대에 접어들어 얼굴은 고운데 목소리가 신경에 거슬릴 만큼 미워지는 사람이 있다. 도대체 왜 그럴까?

중년 이후 남성들이 동경해 마지않는 유명 여배우 중에도 그런 사람이 있다. 본래 목소리도 맑거나 예쁘지 않았지만, 중년에 접어들면서 목소리가 더 미워진 것 같다. 얼굴은 나이가 무색할 만큼 순수한 아름다움을 유지하고 있는데 말이다.

그 격차는 어디에서 비롯되는 것일까?

어쩌면 그녀는 대중적인 이미지와는 전혀 다른 성격의 일면을 가지고 있을지도 모른다. 자기 자신을 과대평가하는 오만한 사람일 수도 있다. 대중적인 평가와는 달리 사실은 매력도 없고 천박한 성격의 소유자는 아닐까?

평범한 여성들도 마찬가지다. 중년 미인이라도 목소리가 미우면 성격이 나빠 보이고, 실제로 성격이 나쁜 사람도 많다. 대개 이런 사람은 겉과 속이 다르다. 얼굴도 곱고 말도 번지르르하게 잘하지만 사실은 밑바탕이 나쁜 타입이다.

목소리를 듣지 않았다면 몰랐을 텐지만, 얼굴에서도 사악한 빛이 언뜻언뜻 내비친다.

이런 타입의 중년 여성이 말을 걸어온다면, 진지하게 받아들이지 말고 상대하지 않는 것이 현명하다. 젊은 남성, 특히 별 볼일 없는 한심한 남성들을 노려 물건을 팔아먹으려는 경우도 많다. 야릇한 분위기를 풍기며 유혹하려 들다가, 상대방이 별 관심을 보이지 않으면 곧바로 여자 친구를 소개해주겠다고 다른 미끼를 던지는 것이 이들의 수법이다.

물장사 세계에는 이런 타입이 비교적 많다. 꽃단장을 하고 손님을 맞는 인기 마담 중에 목소리가 미운 사람이 적지 않다. 남자들을 등쳐먹고 살아온 천한 품성이 목소리에 그대로 나타나는 것이다. 이들의 술과 담배에 절어 지내는 무절제한 생활도 목소리를 망친다.

POINT

중년 미인이라도 목소리가 미우면 성격이 나빠 보이고, 실제로 성격이 나쁜 사람도 많다. 대개 이런 사람은 겉과 속이 다르다. 얼굴도 곱고 말도 번지르르하게 잘하지만 사실은 밑바탕이 나쁜 타입이다.

Part 3

상대방의 얼굴이 말해주는 것들

1 얼굴은 건강상태를 알려주는 거울

병이 생기면 사람의 얼굴이 변한다

마음상태가 얼굴에 나타나는 것은 당연하다. 그래서 정신이 건강하지 않으면 표정에서 패기가 사라진다.

건강상태도 얼굴에 직접 반영되는데, 병에 걸리면 그것이 더욱 농후해진다.

두통이나 복통을 참을 때는 저절로 얼굴을 찡그리게 되고, 감기에 걸려 열이 있으면 얼굴도 멍해지는 법이다.

문호 아쿠타가와 류노스케는 신경질적인 인물이었다. 결국 자살로 삶을 마감했는데, 생전의 사진을 보면 그의 마음속 어둠이 엿보인다. 아쿠타가와 씨는 만성 편두통을 앓았다.

두통 중에서도 편두통은 이만저만 고통스러운 것이 아닌데, 통증이 심할 때는 움직이기도 힘들다고 한다. 몸을 움직이려고 하면 욕지기가 치밀고, 실제로 구토를 하기도 한다. 현기증도 심하고, 머리가 욱신거릴 때는 주변 소리가 견딜 수 없게 느껴지기도 한다.

이런 발작이 잦을 때는 일주일에 두세 번씩 일어나니 찡그린 얼굴, 신경질적인 얼굴로 변할 수밖에 없다.

그리고 영양실조에 걸려도 얼굴이 변한다. 텔레비전에서 북한을 탈출한 사람의 증언을 들으면서 놀란 적이 있다. 그의 말에 따르면, 영양실조가 극에 달하면 눈이 튀어나오고 입술이 둥글게 변한다고 한다.

마음이나 생활습관, 환경 등이 사람의 얼굴을 만들고 바꾼다. 그리고 병 또한 사람의 얼굴을 크게 바꾼다.

POINT

건강 상태도 얼굴에 직접 반영되는데, 병에 걸리면 그것이 더욱 농후해진다. 두통이나 복통을 참을 때는 저절로 얼굴을 찡그리게 되고, 감기에 걸려 열이 있으면 얼굴도 멍해지는 법이다.

사과처럼 볼이 빨간 얼굴의 속사정

사과처럼 볼이 붉은 사람은 추운 지방에서 자주 볼 수 있다. 아이들이라면 몰라도 서른이 넘은 아저씨 아줌마가 볼이 빨간 것은 우스꽝스럽다.

볼이 붉은 것은 모세혈관이 도드라져 보여서 그렇다. 젊은 여성들은 어른이 되어서도 볼이 빨간 것을 부끄럽게 여기는 것 같다. 다행히 요즘은 레이저로 치료할 수 있게 되었다.

다른 경우인데, 볼이 빨갛게 변하는 '사과병'이란 것이 있다. 휴먼파보 바이러스가 일으키는 전염성 질병이며, 사람에게서 옮는다. 12~13세의 아이들이 잘 걸리는데, 볼이 빨개지고 나중에는 손발로도 발진이 번진다. 임신한 여성이 감염되면 태아수종을 일으켜 태아가 사망하는 경우도 적지 않다.

사과처럼 볼이 빨개지는 것이 숙변 때문이라고 주장하는 사람도 있다. 의사이자 단식 지도자인 A씨에 따르면, 숙변으로 인해 모세혈관이 들떠서 그렇다고 한다. 또 숙변이란 음식 섭취가 장의 용량을 초과했을 때 장 내에 체류하는 음식물 찌꺼기라고 한다. 온갖 질병이나 이상 증상의 발현에 관계가 있다고 하니 되도록 숙변을 쌓아두지 않도록 하자.

그리고 중년 이후의 남성들 중에 얼굴이 불그레한 사람이 있는데, 알코올 의존증이나 적혈구증가증인 경우가 많다. 술을 많이 마시는 사람들은 특유의 주정뱅이 얼굴을 보인다. 그러나 얼굴과 코끝이 불그레한 것과 음주의 연관성은 확실히 밝혀지지 않은 상태이다.

적혈구증가증인 경우에 얼굴이 불그레해지는 것은 의학적으로 확인된 사실이다. 적혈구증가증은 빈혈과 반대로 혈액 속에 적혈구가 지나치게 많은 상태이다.

POINT

중년 이후의 남성들 중에 얼굴이 불그레한 사람이 있는데, 알코올 의존증이나 적혈구증가증인 경우가 많다. 술을 많이 마시는 사람들은 특유의 주정뱅이 얼굴을 보인다.

치매에 걸렸을 때 얼굴이 커 보이는 이유는?

노인성 치매에 걸리면 얼굴이 이전보다 커 보이는 것 같다. 부모님을 모시고 사는 집에서 아내가 "요새 아버님 얼굴이 커진 것 같아요" 하고 말하면 치매를 의심해보자. 아내의 느낌이 맞을지도 모른다.

왜 치매에 걸리면 얼굴이 커 보이는 걸까? 아는 의사들에게 물어보았다.

생리학적, 의학적 자료가 없으며, 인과관계를 인정하기 어렵다는 대답이었다. 그러니 어디까지나 보는 사람의 인상이다. 하지만 실제로 얼굴이 커졌다는 느낌이 든다.

개인적인 경험인데, 아버지가 간성뇌증(간 손상으로 인한 중추신경계 장애-옮긴이)으로 기억장애를 일으키게 되었을 무렵이다. 전날 밤까지는 아무런 이상도 없었는데, 다음날 아침에 일어났을 때 아버지의 얼굴이 갑자기 커 보여서 깜짝 놀랐다. 내 말에 대답하는 말투도 어눌했지만, 아버지의 얼굴이 비정상적으로 커진 것 같았다.

왜 치매에 걸리면 얼굴이 커 보이는 걸까? 우선 치매에 걸리면 눈에 변화가 나타난다. 눈은 뇌와 밀접한 관계를 가지며, 뇌의 상태를 반영한다.

그래서 뇌세포가 사멸하는 지능장애인 치매에서는 눈에 변화가 나타나거나 눈에서 힘이 사라진다.

눈은 얼굴에서 초점이다. 사람의 인상은 대부분 눈에 의해 결정된다.

그래서 눈에 힘이 없으면 인상이 확산되면서 얼굴이 커 보이는 것 같다.

꿈과 의욕을 상실하거나 직장에서 은퇴했을 때도 마찬가지다. 눈빛이 힘을 잃으면서 인상이 퍼져 보이고, 예전보다 얼굴이 커진 것처럼 느껴지기도 한다.

어느 은퇴한 연기자가 몇 년 만에 텔레비전에 나온 모습을 보고 놀란 적이 있다. 예전보다 얼굴이 퍼지고 커졌던 것이다. 활동을 하지 않아서 그렇게 보였을지 모르겠지만.

POINT

우선 치매에 걸리면 눈에 변화가 나타난다. 뇌세포가 사멸하는 지능장애인 치매에서는 눈에 변화가 나타나거나 눈에서 힘이 사라진다. 눈은 얼굴에서 초점이다. 그래서 눈에 힘이 없으면 인상이 확산되면서 얼굴이 커 보이는 것 같다.

눈꺼풀을 살피면 큰 병을 막을 수 있다

몸에 질병이 있으면 얼굴에 그 신호가 나타날 수 있다.

눈꺼풀에 노란 돌기 같은 것들이 생기면 고지혈증을 의심할 수 있다. 안검황색종(콜레스테롤 수치가 높을 때 눈 주위에 생기는 오돌토돌한 노란색 돌기-옮긴이)이라고 해서 지방이나 콜레스테롤 덩어리다. 혈중 총 콜레스테롤 수치가 260밀리그램을 넘는 사람에게 잘 나타난다고 한다.

눈꺼풀에 지방 덩어리들이 불거진다면 심장 등의 혈관에도 똑같은 지방 덩어리가 있다고 볼 수 있다. 그래서 안검황색종이 나타났다면 심근경색이나 뇌경색을 조심할 필요가 있다.

참고로, 예방의학 전문의인 H씨에 따르면 레오나르도 다빈치가 그린 모나리자의 초상화에도 안검황색종이 보인다고 한다.

쉰 살 이전에 눈동자(각막) 주위(흰자위와의 경계)에 흰 고리가 생기는 경우에도 고지혈증을 의심할 수 있다. 이 고리를 각막륜(角膜輪)이라고 하는데, 혈중 콜레스테롤 수치가 높을 때 나타난다.

다만 쉰 살 이후에 이런 고리가 생길 때는 이상이 아니라고 본다. 이 경우에는 노인환(老人環, 노인의 안구 한가운데 끼는 회색 테 - 옮긴이)이라고 부른다.

고지혈증은 동맥경화증을 촉진하는 중대한 요인이며, 동맥경화증이 심해지면 심근경색이나 뇌경색을 일으키기 쉽다.

또한 동맥경화증이 진행되면 귓불에 특유의 선명하고 깊은 주름이 생긴다. 귓불에는 동맥계 혈관이 분포되어 있으며 지방이 많다. 동맥경화증이 심해지면 귀로 가는 혈류가 감소해 지방이 위축되면서 주름이 생기는 것이다.

심근경색증을 앓았던 러시아의 옐친 전 대통령도 귓불에 선명하게 주름이 잡혀 있었다. 일본의 정치가 중에서도 그런 사람이 있다.

POINT

눈꺼풀에 노란 돌기 같은 것들이 생기면 고지혈증을 의심할 수 있다. 안검황색종이라고 해서 지방이나 콜레스테롤 덩어리다. 눈꺼풀에 지방 덩어리들이 불거진다면 심장 등의 혈관에도 똑같은 지방 덩어리가 있다고 볼 수 있다.

흰자위에 나타나는 몸의 이상 신호

눈에도 다양한 질병이나 신체 이상의 신호가 나타난다.

아랫눈꺼풀 안쪽이 희다면 빈혈을 의심할 수 있다. 이상하게 몸이 나른하거나 자꾸 현기증이 난다면 아랫눈꺼풀을 뒤집어보라. 흰빛을 띤다면 거의 빈혈이 틀림없다.

흰자위가 누런색을 띤다면 간이나 담도의 질병으로 인한 황달을 의심할 수 있다.

아침에 일어나서 1~2시간이 지나도 눈꺼풀의 붓기가 빠지지 않는다면 신장병이나 심장병의 우려도 있다.

또한 저녁 무렵에 유난히 눈꺼풀이 처진다면 근무력증 초기 증상일 수 있다.

노화도 눈에 나타난다. 눈동자와 흰자의 경계 부분에 도도록한 노란 반점이 생기는 것은 검열반(瞼裂斑)이란 노화현상이다.

안과 의사인 야마구치 고자부로 씨에 따르면, 눈은 우리 몸 전체의 건강상태를 반영한다고 한다.

눈을 보면 혈압, 동맥경화, 혈당 수치 등을 추측하거나 전신 상태를 읽을 수 있고 무엇보다 눈의 건강상태가 전신의 건강상태를 능가하는 경우는 없다고 한다.

POINT

눈은 우리 몸 전체의 건강상태를 반영하며 눈을 보면 혈압, 동맥경화, 혈당 수치 등을 추측하거나 전신 상태를 읽을 수 있다. 그리고 눈의 건강상태가 전신의 건강상태를 능가하는 경우는 없다.

아랫입술을 보면 알 수 있는 몸 상태

최근 동물성 지방이나 단백질의 과잉 섭취로 대장암이 늘고 있다. 대장암 중에는 양성 폴립이 암으로 발전하는 경우도 있다.

아랫입술 안쪽에 오돌토돌한 흑갈색 반점이 많이 생기면 대장에 폴립이 있다고 의심해볼 수 있다. 그 이유나 인과관계는 해명되지 않았지만, 대장에 폴립이 있을 때 그런 증세가 나타나기도 한다고 피부과에서 임상적으로 확인되었다.

이 흑갈색 반점들을 '포이츠제거스'라고 하며, 대개 암으로 발전하기 쉬운 폴립이 있으면 잘 생긴다고 한다.

이런 증세가 나타난다면 얼른 대장 내시경 검사를 받아보는 게 좋다.

POINT

아랫입술 안쪽에 오돌토돌한 흑갈색 반점이 많이 생기면 대장에 폴립이 있다고 의심해볼 수 있다. 대개 암으로 발전하기 쉬운 폴립이 있으면 잘 생긴다고 한다.

질병과 얼굴 모양

술을 많이 마시지 않는데도 얼굴이 만성적으로 붓는다면 신장병이나 심장병, 갑상선기능저하증 등을 의심해봐야 한다. 가슴이 두근거리고, 숨이 차고, 가슴에 통증이 느껴진다면 그 위험은 더욱 크다.

눈썹 바깥쪽의 3분의 1 정도가 성글어진다면 갑상선기능저하증이 의심된다. 이 경우에는 동시에 얼굴이 붓고 혀가 커진다.

마흔 살 이전에 스트로로 음료수를 빨았을 때에 입술에 주름이 잡히는 것은 피부가 위축되어 있다는 증거로, 공피증(鞏皮症, 교원병의 하나로 혈관 주위가 굳어지는 것에서 시작해 피부와 내장의 결합조직까지 굳어지는 병-옮긴이)을 의심해볼 수 있다.

POINT

얼굴이 만성적으로 붓는다면 신장병이나 심장병, 갑상선기능저하증 등을 의심해봐야 한다. 가슴이 두근거리고, 숨이 차고, 가슴에 통증이 느껴진다면 그 위험은 더욱 크다.

약의 부작용으로 얼굴이 변한다

약에 따라서는 부작용으로 얼굴에 이상이 나타나는 경우도 있다. 대표적인 것이 스테로이드제(부신피질호르몬제)인데, 교원병(膠原病, 온몸의 결체 조직이 계통적으로 침해받는 증후군-옮긴이) 등의 치료를 위해 계속 복용하면 얼굴이 달덩이처럼 둥글게 부풀어 오른다.

아토피성 피부염에 사용하는 스테로이드 연고제도 계속해서 사용하면 스테로이드 피부증이라 불리는 피부 이상을 일으킨다. 특유의 붉은색을 띤 얼굴이 된다.

또한 정신분열병 치료를 위해 항정신분열병 약물이나 항우울제, 신경안정제 등을 복용하면 표정이 죽고 인상이 뻣뻣하게 굳어진다.

POINT

약에 따라서 부작용으로 얼굴에 이상이 나타나는 경우가 있다. 정신분열병 치료를 위해 항정신분열병 약물이나 항우울제, 신경안정제 등을 복용하면 표정이 사라지고 인상이 뻣뻣하게 굳어버린 얼굴이 된다.

무섭게 생긴 노인이 될 수밖에 없는 이유

일반적으로 나이가 들면 모난 성격이 깎이고 둥글어지면서 표정도 온화해진다고 한다. 그러나 현실에서는 험악하고 무서워 보이는 노인도 있다. 사람마다 삶의 이력이나 현재 처지가 다를 테니 표정이 다른 것도 당연한 일이다.

얼굴이 무섭게 변하는 데에는 다른 이유도 있다. 나이를 먹으면 늙는 것은 어쩔 수 없으며, 노화는 얼굴에도 나타난다. 뇌에 문제가 생기면 뇌와 밀접한 연관을 가진 눈에도 변화가 나타난다. 뇌졸중으로 쓰러졌을 때, 손상받은 부위에 따라서 눈에 이상을 남기기도 한다.

이런 경우, 안구의 움직임이 둔해진다. 쉽게 말하면 눈이 게슴츠레해진다. 움직이지 않거나 움직임이 적은 눈은 무섭다.

또 안면신경마비에 의해서도 눈의 움직임이 둔해진다. 얼굴에 분포한 말초신경이 마비되기 때문에 마비된 얼굴 절반 부분에 뒤틀림이 나타난다. 눈을 제대로 감을 수 없고, 입을 꾹 다물 수 없으며, 웃으면 입이 반대쪽으로 돌아간다.

이처럼 안면신경마비 때문에 얼굴이 뒤틀리거나 안면신경통으로 인한 통증 때문에 얼굴이 비뚤어져 무서운 얼굴이 되기도 한다.

젊은 사람들에게는 뇌졸중이나 안면신경마비, 안면신경통 같은 질병은 아무 상관없는 먼 나라 이야기처럼 들릴 것이다. 하지만 중년 이후에는 결코 드물지 않은 질병이다. 어쩌다가 눈이 게슴츠레하고 얼굴이 뒤틀려 인상이 무서운 노인을 보더라도 겁먹지 말기 바란다.

POINT

뇌에 문제가 생기면 뇌와 밀접한 연관을 가진 눈에도 변화가 나타난다. 이런 경우, 안구의 움직임이 둔해진다. 쉽게 말하면 눈이 게슴츠레해진다. 움직이지 않거나 움직임이 적은 눈은 무섭다.

다크 서클은 어떤 징후일까?

얼굴에서 눈밑은 다크 서클이 잘 생기는 부분이다. 중년 이후에 다크 서클이 진해지는 사람이 있는데, 왜 그럴까?

눈 주위, 특히 눈 아랫부분은 정맥혈이 잘 비쳐 보인다. 이 부근에는 안정맥(眼靜脈)이라는 정맥이 지나는데, 피곤하거나 잠이 부족하면 정맥의 혈류량이 늘어나면서 푸르스름한 다크 서클로 나타난다.

정맥혈은 동맥혈과는 달리 혈색소인 헤모글로빈에 이산화탄소가 결합되어 있기 때문에 거무스름한 자주색을 띤다. 이 정맥혈이 증가하면 피부색이 검푸르게 보인다. 눈 주위에서 특히 눈밑이 쉽게 검푸르게 변하는 것은 중력과 관계가 있다고 한다.

수면부족 등으로 생긴 다크 서클은 일과성 증상이어서 곧바로 사라지지만, 만성적인 다크 서클은 체질과 관련이 있다.

살이 쪄서 피하지방이 많은 사람은 정맥혈이 증가해도 잘 비쳐 보이지 않기 때문에 다크 서클이 생기지 않는다. 반면에 마르고 피하지방이 적은 사람은 정맥혈이 쉽게 비치기 때문에 다크 서클이 잘

생긴다고 한다.

노화도 관계가 있다. 눈밑은 근육이나 피부가 아주 얇다. 그래서 우리 몸 가운데 중력의 영향을 가장 쉽게 받기 때문에 나이가 들수록 근육이 약해져 피부가 처지게 된다.

알레르기가 있는 사람도 다크 서클이 잘 잡힌다고 한다. 또한 신장병이나 교원병 같은 질병 때문에 다크 서클이 생기기도 한다. 눈 주위에 울혈이 일어나기 쉬워서 그렇다.

중년 이후에 다크 서클이 선명하게 잡히는 사람도 있다. 키가 훤칠하고 골격도 좋은 60대 남성이 눈밑에 다크 서클을 드리우고 있으면 풍채와 인품이 돋보인다. 하지만 질병 때문에 생기는 경우도 있으니, 주변에 그런 사람이 있다면 병원에서 검사를 받도록 권유하는 것이 좋다.

POINT

수면부족 등으로 생긴 다크 서클은 일과성 증상이어서 곧바로 사라지지만, 만성적인 다크 서클은 체질과 관련이 있다. 노화도 관계가 있는데, 우리 몸 가운데 중력의 영향을 가장 쉽게 받기 때문에 나이가 들수록 근육이 약해져 피부가 처지게 된다.

얼굴을 변하게 하는 사소한 습관들

우리 신체는 중력의 영향을 받는다. 일정한 압력이 계속해서 가해지면 그 힘에 의해 변형이 일어난다.

얼굴 모양도 마찬가지다.

구강외과 전문의 N씨의 보고에 따르면, 수십 년간 거실 테이블에 턱을 괴고 텔레비전을 보아온 사람의 얼굴이 심하게 변형된 사례가 있다고 한다. 턱을 괸 쪽의 얼굴이 움푹 들어갔다는 것인데, 이는 얼굴에 가해지는 힘에 의해 변형이 일어날 수 있음을 보여준다.

엎드려 자거나 옆으로 누워 자는 등의 잠버릇에 의해서도 얼굴이 변형된다.

턱을 괴는 습관은 잠버릇에 비해 압박을 받는 시간이 짧다. 그러나 엎드려 자거나 옆으로 누워 자는 경우는 힘을 가하는 대상이 이불이나 배게이지만, 턱을 괴는 경우는 손이기 때문에 그만큼 영향이 크다. 단단한 손뼈가 얼굴을 압박해서 치열이 심하게 구부러진다. 치열 커브가 휘면서 그쪽이 쑥 들어가는 것이다.

잠버릇인 경우에도 한쪽 옆으로만 누워서 자는 습관으로 인해 얼굴 변형이 일어난 사례가 있다. 바닥에 닿는 쪽 얼굴이 계속 압박을 받은 결과 움푹 들어간 것이다.

잠을 잘 때 머리에 가해지는 무게는 바로 누워서 자면 5킬로그램 정도이지만, 옆으로 눕거나 엎드려 자면 체중까지 더해져 6~9킬로그램에 이른다고 한다. 이 무게가 볼 뼈나 턱 뼈를 눌러서 치열을 뒤틀리게 만들고, 결국 얼굴까지 변형되는 것이다.

특히 코뼈는 쉽게 구부러지기 때문에, 옆으로 눕거나 엎드려 자는 습관이 있으면 콧날이 휘거나 코가 낮아질 수도 있다. 변형이 아주 심한 경우는 드물지만, 이런 일상적인 버릇 때문에 약간씩의 얼굴 변형을 보이는 사람은 적지 않다고 한다.

턱을 괴는 행동은 무의식중에 하는 일종의 버릇이기 때문에 보통 오른손잡이는 오른손으로, 왼손잡이는 왼손으로 턱을 괸다.

또한 옆으로 누워 자는 습관을 가졌더라도 젊을 때는 건강해서 취침 중에 자주 뒤척인다. 따라서 한쪽으로만 잘까봐 걱정할 것까지는 없다.

그러나 중년 이후에 몸에 활력이 떨어지면 잠자는 동안 별로 뒤척이지 않게 된다. 팔이나 등이 저려서 눈을 떠보면 잠들었을 때의 자세대로 누워 있는 경우도 많다. 그러니 나이가 들면 되도록 똑바로 자는 습관을 들이는 것이 좋다.

한쪽으로만 음식을 씹는 습관도 치열을 비뚤어지게 만들어 얼굴 변형을 초래할 수 있다. 잠버릇, 턱을 괴는 습관, 음식 씹는 버릇 가운데 무엇이 원인이든지 심하지 않으면 치열을 교정하고, 습관을 고치고, 고루 씹도록 노력하면 비뚤어진 얼굴은 원래대로 돌아온다.

POINT

특히 코뼈는 쉽게 구부러지기 때문에, 옆으로 눕거나 엎드려 자는 습관이 있으면 콧날이 휘거나 코가 낮아질 수도 있다. 변형이 아주 심한 경우는 드물지만, 이런 일상적인 버릇 때문에 약간씩의 얼굴 변형을 보이는 사람은 적지 않다.

젊은이의 눈빛이 흐리멍덩하다면?

20대인데도 눈빛이 흐리멍덩하고 죽은 사람이 있다. 최근에는 이런 눈빛을 가진 10대 고등학생들도 많다.

이들은 떼로 몰려다니며 공원에서 화장실 자세로 쭈그리고 앉아 있거나 한다. 지하철 안에서 컵라면을 먹는가 하면 큰 소리로 떠들어대며 방약무인한 태도를 보인다. 이런 행동을 하는 고등학생들을 관찰해보면 하나같이 눈빛이 흐리멍덩하다. 유유상종이다. 흐리멍덩한 눈은 흐리멍덩한 눈을 부른다.

젊은 나이에 눈빛이 흐리멍덩한 이유가 무엇일까? 아마 정신상태가 황폐해서 그럴 것이다. 꿈도 희망도 없고, 사람을 물건처럼 하찮게 여기고, 세상을 철저히 우습게 본다. 인간에 대한 애정이라곤 눈곱만큼도 없다. 그런 마음이 눈빛을 흐린다.

몸상태가 좋지 않은 것도 원인이 될 수 있다. 먹는 음식이라야 햄버거나 컵라면, 감자칩 같은 패스트푸드나 가공식품들뿐이다. 올바르지 않은 식생활은 동맥경화를 부른다.

몸 전체에 걸친 동맥경화가 눈에도 나타난다. 혈액순환이나 수분대사가 나쁘면 눈이 탁해진다. 실제로 20대에 벌써 동맥경화성 안저출혈(眼底出血, 눈의 유리체, 망막, 맥락막의 출혈-옮긴이)을 일으키는 사람도 드물지 않다.

이런 사람은 눈동자가 반짝거리지 않는다. 또한 흰자위 부분이 탁한데, 이것은 동맥경화가 진행되고 있다는 증거다. 이처럼 흰자위가 탁해져도 눈빛이 죽는다.

눈빛이 흐리멍덩한 10대나 20대 젊은이들을 보면 삶의 의욕을 잃어서 그렇다고 단정 짓지 말고 식생활이나 건강상태를 걱정해주어야 할 것이다. 그것이 제대로 된 어른의 도리이다.

POINT

20대인데도 눈빛이 흐리멍덩하고 죽은 사람이 있다. 정신상태가 황폐해서 그렇다. 꿈도 희망도 없고, 사람을 물건처럼 하찮게 여기고, 세상을 철저히 우습게 본다. 인간에 대한 애정이라곤 눈곱만큼도 없다. 그런 마음이 눈빛을 흐린다.

억지웃음은 암의 원인이 된다

웃음은 면역력을 높인다. 미국에서는 백화점 직원과 스튜어디스를 대상으로 실험을 했는데, 직업적인 웃음이든 억지웃음이든 간에 웃음이 면역력을 높인다는 보고를 내놓았다. 참고로, 코미디를 보면 혈당치가 떨어진다는 보고도 있다.

그런데 이후 이를 반박하는 연구 결과들이 발표되었다. 직업상 억지로 웃을 경우 암에 걸릴 위험이 높다는 것이다. 내키지 않는데 억지로 웃어야 하는 상황이 부담감으로 작용해 오히려 면역력을 저하시킨다고 한다.

철강회사에 근무하다 정리해고를 당한 50세의 김 씨는 운 좋게 관광지의 호텔에 취직이 되었다. 프런트 업무를 맡게 된 그는 원자재 관리부에서 일한 경험밖에 없는 터라, 웃는 얼굴로 손님을 맞는 일이 여간 고역이 아니었다.

그러던 차에 김 씨는 억지웃음이라도 암 예방과 당뇨병에 효과가 있다는 이야기를 듣고 일석이조, 아니 일석삼조다 싶어서 열심히 웃는 연습을 했다.

마음을 다잡아먹고 억지웃음을 지으며 고객 서비스에 힘쓴 결과, 3개월 후 검사에서 혈당치가 정상으로 돌아왔다. 하지만 그로부터 몇 년 뒤에 위암 판정을 받았다. 간과할 수 없는 얘기다.

현대 사회에서는 웃음이 무조건 좋은 것이라고 여기지만, 옛날에는 달랐다. 실없이 웃는다고 핀잔을 들었다. 남자라면 한바탕 훈계가 쏟아졌다. 배알 빠진 녀석도 아니고 왜 헤헤거리고 다니느냐는 것이다.

웃기지도 않고 기분 좋은 일도 없는데 억지로 웃을 필요는 없다. 하지만 요즘은 웃지 않고 있기가 힘들다. 무슨 불만이라도 있느냐, 어디 아픈 건 아니냐며 주위에서 가만두지를 않는다. 그러니 평지풍파 일으키지 않으려면 실없이 웃고 다니는 것이 낫다.

그러나 너무 헤헤거리고 다니면 좀 모자란 사람으로 본다. 바보한테도 바보 취급을 당할 수 있으니 웃는 것도 정도껏 해야 한다.

POINT

웃음은 면역력을 높인다. 하지만 직업상 억지로 웃을 경우 암에 걸릴 위험이 높다는 연구 결과가 있다. 내키지 않는데 억지로 웃어야 하는 상황이 부담감으로 작용해 오히려 면역력을 저하시킨다.

2 환경과 얼굴의 재미있는 상관관계

아름다운 얼굴의 조건

아름다운 얼굴에 대한 기준이 있을까? 여기서는 조형적인 아름다움의 기준을 말한다.

육체와 정신의 아름다움을 추구해 마지않았던 고대 그리스에서는 '황금분할' 공식을 고안해 조화로운 아름다움의 기준으로 삼았다.

황금분할 공식은 황금비에 바탕을 두고 있는데, 전체에 대한 큰 부분의 비율과 큰 부분에 대한 작은 부분의 비율이 같아지도록 하는 것이다.

쉽게 설명하면, 모든 아름다운 것은 약 3분의 1 지점에 분기점이 있다는 것이다. 이 공식을 얼굴에 적용해보면 다음과 같다.

이마에서 턱까지의 길이를 1로 잡으면, 이마에서 3분의 1 내려온 곳에 눈썹이 있고, 눈썹에서 코끝까지가 3분의 1, 코끝에서 턱까지가 3분의 1이 된다.

그러다가 중세에 접어들어 7분비(分比)로 대체된다. 턱과 입 사이가 7분의 1, 입과 코 사이가 7분의 1, 코가 7분의 2, 이마가 7분의 2,

머리칼이 7분의 1이다. 시대의 변천에 따라 아름다운 얼굴의 기준도 변해온 것이다.

이 분할 비율은 제쳐두고라도, 좌우대칭이 아름다운 형태의 기본인 것은 변함이 없다.

구체적으로 말하자면 코 중앙을 지나도록 수직선을 그었을 때, 그 선이 곧고 눈과 입이 대칭을 이루는 것이다.

최근에는 이목구비가 중앙에 정돈되어 있는 얼굴을 선호한다. 말하자면 어리고 귀여워 보이는 얼굴인데, 현대인의 감각이 유아화되어가는 추세여서 그런지도 모르겠다.

얼굴 근육이 처지면 이목구비가 퍼지고 벌어지면서 늙어 보인다. 나이가 들면 선체직으로 골격도 처진다. 그리고 이목구비가 크고 좌우비대칭이어도 늙은 얼굴이 된다.

어쨌든 간에 조형이 아름다운 얼굴과 매력 있는 얼굴은 또 다르다.

POINT

좌우대칭이 아름다운 얼굴의 기본 형태인 것은 변함이 없지만, 최근에는 이목구비가 중앙에 정돈되어 있는 얼굴을 선호한다. 말하자면 어리고 귀여워 보이는 얼굴인데, 현대인의 감각이 유아화되어가는 추세여서 그런지도 모르겠다.

미남미녀가 인기 있는 이유

다음은 못생긴 여자와 결혼한 남자 김과 미인과 결혼한 남자 최의 대화이다.

김 : 사람은 마음씨가 고와야지, 얼굴만 예쁘면 뭐 해?

최 : 아냐, 여자는 얼굴이 예쁘고 봐야 해.

김 : 늙으면 얼굴이 무슨 소용 있어? 아예 처음부터 못생긴 여자가 낫지.

최 : 모르는 소리. 못생긴 여자가 나이 들어서 더 못생겨지면 어떡해?

김 : ……?

사람은 얼굴이 전부가 아니라고 하는데, 다 입에 발린 소리다. 왜냐하면 우리 사회에서는 잘생긴 남자, 예쁜 여자라는 것만으로도 대접이 달라진다.

반대로 못생긴 사람은 늘 설움과 무시를 당한다. 집에서든 학교에서든 직장에서든 알게 모르게 불이익을 겪는다. 그래서 남자든 여자든 못생기면 어려서부터 인생이 고단하다.

본디 사람은 미추를 구분하고, 아름다운 것을 선이라고 생각한다.

그렇다면 사람들은 왜 잘생긴 남자, 예쁜 여자를 좋아할까? 잘생기고 예쁜 사람이 개체로서 우수하다고 생각하기 때문이다. 이것은 유전자 속에 주입된 의식이므로 어쩔 도리가 없다. 본디 인간은 잘생긴 남자, 예쁜 여자를 좋아하게 되어 있다는 말이다.

1987년에 발표된 텍사스대학의 연구에 따르면, 생후 2개월 된 아기조차 그런 경향을 보인다고 한다. 아기에게 젊은이들 사이에서 매력적이라고 평가받는 여성(미인)과 그렇지 않은 여성의 얼굴 사진을 보여주었더니, 미인의 사진을 오래도록 응시했다.

실제로 어린이집에 다니는 아이에게서 "아줌마 코 납작하고 들창코여서 이상해"라는 말을 듣고 창피해서 얼굴이 화끈거릴 지경이었다는 이야기를 어떤 여성에게 들은 적이 있다. 아이들도 어른과 똑같이 사람 얼굴에서 미추를 구분하고 있는 것이다.

단정한 얼굴은 우수한 유전자를 가진 개체임을 보여주는 외견적 특징이다. 키나 몸집이 큰 것도 마찬가지다. 사람들이 외모를 중시하는 것은 외모 그 자체보다는 우수한 유전자를 선호해서 그렇다.

이성을 선택할 때 유전자는 눈에 보이지 않으니 외모로 판단하는 것인데, 자칫 외모에 눈이 멀어서 선택을 그르칠 수도 있다. 여성들이 그런 경향을 많이 보이는데, 유전자의 구속이 강하든가 후천적인 학습이 부족하든가, 아니면 이 두 가지가 중복되어서 그런 것이다.

예나 지금이나 멍청한 여자일수록 잘생긴 남자를 밝힌다. 이런 여자는 매번 똑같은 행동 패턴을 보인다. 인물만 보고 남자를 골랐다가 실패하기를 되풀이하면서도 그 경험에서 아무것도 학습하지 못한다. 그저 유전자 구속이 강해서 그럴까? 유전자 탓으로 돌리면 속이야 편하겠지만 말이다.

그러면 못생긴 이성을 좋아하는 남자나 여자가 있는 이유는 무엇일까? 어쩌면 못생긴 배우자를 맞아야 결혼생활이 원만하다고 여기는 유전적 성향이 집안 내림일지도 모른다. 조상들의 외모를 되짚어 올라가보면 추남추녀 취향인지 아닌지 짐작할 수 있을 것이다.

POINT

사람들은 왜 잘생긴 남자, 예쁜 여자를 좋아할까? 잘생기고 예쁜 사람이 개체로서 우수하다고 생각하기 때문이라고 한다. 이것은 유전자 속에 주입된 의식이므로 어쩔 도리가 없다. 본디 인간은 잘생긴 남자, 예쁜 여자를 좋아하게 되어 있다는 말이다.

못생겨도 예뻐 보이는 이유가 있다

다음은 못생긴 여자와 결혼한 친구 김과 미인과 결혼한 친구 최의 대화이다.

김 : 자네 부인은 미인이어서 좋겠어.

최 : 그렇게 미인도 아닌데 뭐. 사실 옛날부터 예쁜 여자랑 결혼하는 게 꿈이었어.

김 : 우리 회사에는 여직원이 거의 없어. 그러다 직장에서 만난 게 지금 아내야. 처음에는 못생겼다고 생각했는데, 자꾸 보니까 그렇지도 않더라고. 어쩌다 보니 결혼까지 간 거지.

못생긴 사람도 자꾸 보면 예뻐 보이는데, 왜 그럴까? 자주 만나다 보면 어느 순간 그 사람의 장점이 보이게 되고, 그래서 관심이 생기는 것이 아닐까 싶다.

더구나 다른 이성을 접할 기회가 적은 환경에서는 비교 대상을 찾을 수 없다. 그렇게 해서 그 이성에게 관심이 생기면 일반적인 평가보다 더 좋게 보이게 된다.

자주 대하다 보면 나름대로 잘생겨 보이고, 예뻐 보이는 것이 인간의 보편적인 심리이다.

NHK 아침 연속극의 여주인공들만 해도 그렇다. 더러는 아무리 보아도 별로 예쁘지 않고, 매력이나 호감도 면에서도 인기 연예인이 되기에 부족해 보인다. 그래도 매일 아침 드라마를 시청하다 보면 어느덧 예쁘게 보인다.

정말 매력 있는 연기자라면 드라마가 끝난 후 인기 연예인의 반열에 오르지만, 그렇지 않으면 수많은 여자 연기자들 중 한 명으로 끝난다. 이런 현실은 그녀가 별 대단한 미인이 아니었다는 것을 뒷받침한다.

못생긴 사람도 자꾸 보면 예뻐 보이는 것, 이것은 심리적 현상이다. 심리학에서는 '숙지성(熟知性)의 법칙'을 들어 이런 현상을 설명한다.

이 법칙에 따르면 이렇다. 자주 만나는 동안 상대방의 인간성을 파악하게 되고, 안전한 존재라는 사실을 인식하게 되면서 친근감이 생긴다. 이 정도로 관계가 진전되면 상대방이 가까이 있어도 전혀 언짢다는 느낌이 들지 않는다. 그리하여 결혼이라는 멋진 결말을 맺을 수 있다는 이야기다.

숙지성의 법칙을 하찮게 보아서는 안 된다. 못생긴 배우자를 맞이하고 싶지 않다면 추남추녀가 접근해오더라도 절대로 곁을 주어서는 안 된다. 비집고 들 틈을 주지 말아야 한다.

반대로 잘생긴 남자, 예쁜 여자를 사귀고 싶지만 외모에 자신이 없는 사람은 이 숙지성의 법칙을 활용하면 좋을 것이다.

POINT

자주 만나는 동안 상대방의 인간성을 파악하게 되고, 안전한 존재라는 사실을 인식하게 되면서 친근감이 생긴다. 이 정도로 관계가 진전되면 상대방이 가까이 있어도 전혀 언짢다는 느낌이 들지 않는다. 그리하여 결혼이라는 멋진 결말을 맺을 수 있다. 바로 '숙지성(熟知性)의 법칙'이다.

뚱뚱하고 편한 여자를 좋아하는 남자

얼굴도 예쁘지만 대하기에 편하고 부담 없어 보이는 여성이 있다. 경기침체가 장기화되면서 최근 수년 사이에 '휴식'이나 '편안함'이 트렌드로 자리 잡아가고 있다.

여자 연예인 중에서도 그런 느낌을 주는 연예인이 인기를 끈다. 절벽에 핀 꽃 같은 도도한 절세미인이 아니라 서민적인 친근함을 풍기는 미인들이다.

이런 서민파 중에는 약간 통통한 연예인도 포함된다. 비쩍 마른 여자들이 판치는 세상이다 보니 풍만한 것이 매력인 것 같다.

개중에는 굳이 따지자면 못생긴 쪽에 가까운 여자도 있고, 만화영화에 나오는 호빵맨처럼 생긴 여자도 있다.

그런데 옛날부터 살집이 넉넉하고 못생긴 타입의 여자를 좋아하는 남자들도 있다.

사실 남자들이 예쁜 여자만 좋아하는 것은 아니다. 풍만한 여자에게는 모성을 느낀다. 그런 여자만 보면 얼굴을 붉히며 달아나는 남자도 있다.

뚱뚱한 아가씨들만 모아놓은 클럽이나 유흥업소들이 성업하는 것도 그 때문이다.

POINT

옛날부터 살집이 넉넉하고 못생긴 타입의 여자를 좋아하는 남자들도 있다. 사실 남자들이 예쁜 여자만 좋아하는 것은 아니다. 풍만한 여자에게 모성을 느끼는 것이다.

호텔 바에서 여성의 눈이 더 매력적인 이유는?

어두운 곳에서는 홍채가 열리면서 눈동자가 커 보인다. 홍채는 카메라의 조리개처럼 눈에 들어오는 빛의 양을 조절한다. 밝은 곳에서는 홍채가 수축해 동공을 작아지게 하고, 어두운 곳에서는 동공을 넓혀 사물을 뚜렷이 볼 수 있게 해준다.

조명이 어두운 술집에서는 사물을 잘 보기 위해 홍채가 열리면서 동공이 넓어지고, 그래서 눈동자가 커 보인다. 남자들은 그 눈에 넘어가 결국 반하고 만다. 게다가 술기운이 은근히 돌면 여자가 한층 더 매력적으로 보일 것이다.

POINT

조명이 어두운 술집에서는 사물을 잘 보기 위해 홍채가 열리면서 동공이 넓어지고, 그래서 눈동자가 커 보인다. 남자들은 그 눈에 넘어가 결국 반하고 만다.

사람을 아름답게 만드는 육식

백인, 흑인, 황인종 가운데 어느 인종의 얼굴이 가장 아름다울까? 그것을 평가할 만한 절대적 기준은 없지만, 백인을 꼽는 사람이 많다.

물론 황인종의 쌍꺼풀 없는 길쭉한 눈이 아름답다는 견해도 있고, '흑인이 아름답다(Black is beautiful)' 고 흑인 사회 운동에서 표방하듯이 아프리카 흑인이 아름답다는 견해도 있을 것이다.

그러나 흑인 가수 다이애나 로스나 마이클 잭슨의 얼굴이 점점 흑인다움을 잃어가는 것은 그들의 내면에 도사린 백인 지향 때문이 아닐까?

아무튼 편견이나 사상을 걷어내고 생김새만 놓고 본다면 백인이 가장 아름답다.

우리 호모사피엔스는 한 흑인 여성, '이브' 라고 불리는 아프리카의 그 여성에게서 시작되었다. 인류는 형제인 셈이다. 흑인으로부터 황인종과 백인종이 탄생했다.

또한 인류학적 관점에서는 흑인의 코가 가장 진화한 형태라고 한다. 백인의 높은 코는 진화가 덜된 형태라고 할 수 있다.

그런데 이처럼 백인의 얼굴이 가장 아름답다고 전제했을 때, 그렇게 아름다운 얼굴은 어떻게 만들어진 걸까?

어려운 질문인데, 수천 년 동안 고기를 먹어왔기 때문이라는 견해가 있다. 그러면 왜 육식이 사람을 아름답게 만드는 걸까? 그것은 동물을 보면 알 수 있다.

사자나 표범, 호랑이 같은 육식동물은 얼굴 생김과 표정이 아름답다. 그에 비해 초식동물인 소, 말, 코뿔소, 하마, 염소, 양 같은 동물은 귀엽기는 해도 아름답다고 보기는 어렵다.

집에서 키우는 잡종 개나 고양이도 아름다운데, 개나 고양이도 본래는 육식이다.

서양인은 2천 년이 넘는 육식의 역사를 가지고 있다. 여담인데, 위대한 로마제국은 미식과 육식, 포식에 의해 멸망했다. 로마시대에는 귀족 계급은 물론 일반 서민들까지 채식을 버리고 육식과 미식을 즐겼다.

철학자 소크라테스는 "로마는 육식 때문에 망할 것이다"라고 예언했는데, 그 말대로 되고 말았다.

최근 20년 동안에 동양 여성들도 상당히 아름다워졌다.

경제와 생활, 문화 수준이 향상되었다는 것도 이유가 되겠지만, 고기를 많이 먹게 된 것도 관계가 있지 않을까 싶다. 미모의 여배우는 피가 뚝뚝 떨어지는 비프스테이크를 날마다 먹었다는 이야기를 들은 적이 있다.

그런데 육식은 채식에 비해 피부를 비롯한 외모를 빨리 늙게 만든다. 상대적으로 수명도 짧다.

육식은 사람의 성격을 거칠게 만들기도 한다. 미국의 부시 대통령이 호전적인 이유도 틀림없이 육식생활과 관계가 있을 것이다.

POINT

백인의 얼굴이 가장 아름답다고 전제했을 때, 그렇게 아름다운 얼굴은 수천 년 동안 고기를 먹어왔기 때문이라는 견해가 있다. 서양인은 2천 년이 넘는 육식의 역사를 가졌던 것이다.

할머니인지 할아버지인지 헷갈리는 까닭

남성들 중에는 나이가 들면서 할머니 얼굴로 변하는 사람이 있다. 얼굴이 크고 이마가 좁고 희끗희끗하게 센 머리를 뒤로 묶거나 하면 더 그렇다. 언뜻 보기에는 할머니인지 할아버지인지 도무지 구별이 가지 않는다.

그런데 왜 할아버지 얼굴이 아니라 할머니 얼굴이 되는 걸까? 그것은 호르몬의 영향 때문에 그렇게 되는 것 같다. 남성 호르몬의 분비가 끊어지면서 중성화되는 것이다.

남자든 여자든 쉰 살을 경계로 남자는 남성 호르몬, 여자는 여성 호르몬의 분비가 저하되기 시작한다. 그러다가 결국 호르몬 분비가 멈추게 된다.

따라서 남자든 여자든 나이가 들수록 중성적으로 변한다. 주름이나 검버섯, 피부 처짐 같은 노화현상도 중성화를 재촉한다. 할아버지 얼굴에 할머니 같은 분위기, 할머니 얼굴에 할아버지 같은 분위기가 풍기는 것도 당연하다는 말이다.

흔히 폐경을 맞은 여성들이 '여자를 졸업했다'는 자조 섞인 한탄을 한다. 그러나 여자를 졸업했다고 해서 남자가 된 것는 아니다.

남자들에게는 그 말이 '이제 아무것도 무서울 게 없다'는 선언 같기도 하다. 그래서 왠지 무섭고 기분 나쁘게 들린다.

남자들에게도 갱년기가 있다. 남성 호르몬의 분비가 그치게 된다는 것인데, 그래도 '정자 생산을 못하니 남자를 졸업했다'는 말은 하지 않는다. 농담으로라도 그런 말을 하는 남자가 있다는 소리는 듣지 못했다.

그런데 길을 가다 보면 할아버지처럼 보이는 할머니보다 할머니처럼 보이는 할아버지가 더 많은데, 왜 그럴까?

사실 '여자를 졸업했다'는 여성들의 말은 그냥 해보는 소리인지도 모른다. 아무리 나이를 먹어도 여자로 남고 싶은 여성들의 마음이, 남자라는 사실을 포기하고 싶지 않은 남성들의 마음보다 강해서 그런 건 아닌지 추측해본다.

POINT

남성들 중에는 나이가 들면서 할머니 얼굴로 변하는 사람이 있다. 왜 할아버지 얼굴이 아니라 할머니 얼굴이 되는 걸까? 그것은 호르몬의 영향 때문에 그렇게 되는 것 같다. 남성 호르몬의 분비가 끊어지면서 중성화되는 것이다.

심하게 높은 코를 낮추는 이유

원래 낮은 코보다 콧날이 선 높은 코가 아름답다. 납작하고 푹 퍼진 코는 논외다.

젊은 여성들이 성형수술로 코를 높이거나 하는 것도 그래서가 아닐까?

그런데 코가 너무 높거나 커도 우스꽝스럽다. 실제로 서양인들 중에는 광대 코를 붙인 것처럼 심하게 코가 크고 높은 사람도 있다.

동양인은 대체로 코가 낮기 때문에, 과거에는 서양인의 높은 코를 무턱대고 부러워했다. 하지만 그 당시에도 서양에서는 성형수술로 코를 낮추는 것이 유행이었다.

예로부터 서양에서는 코가 크면 경멸과 무시를 당했다. 사실 루돌프 사슴 코처럼 큰 코는 우스꽝스러워 보인다. 게다가 붉기까지 하면 더 그렇다.

백인 아이들은 어려서부터 얼굴이 어른스럽게 생겼다. 소녀 적에는 예뻤는데 사춘기 이후로 걷잡을 수 없이 코가 커지면서 얼굴이 웃기게 변하는 경우도 있다.

동양인 사이에는 백인 숭배, 백인 콤플렉스가 있어서 겉으로는 백인의 큰 코를 비웃거나 하지 않는다. 하지만 백인들이 높은 코 콤플렉스를 가졌다는 사실을 안다면 동양인의 얼굴 콤플렉스도 다소나마 해소될지 모르겠다.

최근에는 코에 대한 아름다움의 기준도 많이 변했다. 할리우드에서도 높고 아름다운 코 대신 아담하고 모양 좋은 코를 가진 스타들이 활약하고 있다. 요즘 동양 여성들 사이에서는 작은 얼굴이 선망의 대상이기 때문에, 작고 귀여운 코를 갖고 싶어하는 이들이 늘고 있다.

POINT

할리우드에서도 높고 아름다운 코 대신 아담하고 모양 좋은 코를 가진 스타들이 활약하고 있다. 요즘 동양 여성들 사이에서는 작은 얼굴이 선망의 대상이기 때문에, 작고 귀여운 코를 갖고 싶어하는 이들이 늘고 있다.

코와 남자 성기의 상관관계에 대하여

예로부터 코가 큰 남성은 성기가 크고 정력도 세다는 이야기가 있다.

생리학적으로 코와 성기는 연관성이 있다고 볼 수 있다. 즉, 다소나마 관계가 있다.

코와 페니스는 구조가 비슷하다. 이때 코는 비점막을 말하는데, 페니스와 비점막에는 해면체라는 조직이 있다. 정맥의 해면체 조직에 혈액이 유입되면서 팽창과 발기가 일어난다. 여성은 클리토리스와 유두의 평활근에 해면체가 있어서 비슷한 현상을 보인다.

성적으로 흥분하면 콧구멍이 부풀어 오르는 것도 그 때문이다. 비점막의 경우는 부어오른다는 표현이 적절하겠지만, 페니스도 클리토리스도 유두도 비점막도 모두 발기한다. 따라서 페니스의 크기, 세기와 코 사이에 상관관계가 있다고 해도 이상하지 않다. 여성의 경우도 마찬가지다.

《냄새의 에로티시즘》(스즈키 다카시 지음)에 따르면, 고대 로마의

서사시 '아이네이스'에 간음한 남녀에게 코를 베는 형벌을 내렸다는 내용이 나온다고 한다. 코는 남성의 성기, 나아가 성행위의 상징이었다는 것이다.

이 책에는 19세기 말부터 코와 생식기의 관계에 대한 연구가 시작되었고, 프로이드에게 많은 영향을 준 인물로 알려진 베를린의 빌헬름 플리스라는 이비인후과 의사가 코와 생식기의 교감작용에 관심을 가졌었다는 이야기도 나온다. 또한 후각을 관장하는 뇌 구조의 결함과 고환이 작은 것 사이에 연관성이 있다는 설 등을 소개하며, 코와 성기의 관계를 자세히 기술하고 있는 것으로 보아 코와 성기는 상관관계가 있다.

POINT

코와 페니스는 구조가 비슷하다. 이때 코는 비점막을 말하는데, 페니스와 비점막에는 해면체라는 조직이 있다. 정맥의 해면체 조직에 혈액이 유입되면서 팽창과 발기가 일어난다. 따라서 페니스의 크기, 세기와 코 사이에 상관관계가 있다고 해도 이상하지 않을 것이다.

현대인의 눈은 계속 처지고 있다?

동아시아인은 인종적으로 몽골로이드로 분류된다. 몽골로이드는 혼혈이기 때문에, 눈이 처진 사람도 있고 치켜 올라간 사람도 있다. 오카메(둥근 얼굴에 광대뼈가 불거지고 코가 납작하고 눈 꼬리가 처진 액막이 추녀 탈-옮긴이)와 후쿠와라이의 눈이야말로 처진 눈의 전형이다.

현대인의 눈이 처지고 있다는 보고는 예전부터 있었는데, 최근에 교토대학 영장류 연구팀이 이를 뒷받침하는 연구 보고를 내놓았다. 구석기시대부터 현재에 이르는 현대인의 두개골에서 안와(눈구멍)의 기울기를 조사해, "구석기 이후 시대의 경과에 따라 일본사람의 눈이 처지고 있다"는 결론을 얻었다고 발표한 것이다.

안와의 기울기 각도를 살펴보았더니 구석기인이 17도인데 비해 현대인은 24도였으며, 구석기시대를 거쳐 고분시대(3세기 말~8세기 초), 가마쿠라시대(1192~1333년)로 내려올수록 처진 정도가 커지고 있다는 사실이 확인되었다.

이 기울기 각도는 실제로 눈이 처지는 각도와는 직접적으로 일치

하지 않지만, 경향으로서 눈 처짐 현상이 진행되어온 것은 확실하다. 연구팀은 그 원인을 식생활의 변화에서 찾고 있다. 딱딱한 음식을 먹지 않게 되면서 턱 근육을 지탱하는 볼 뼈가 충분히 발달하지 않고, 결과적으로 눈이 처지게 되었다는 것이다.

이 연구와는 별개로, 안저(안구 내부의 뒤쪽인, 망막이 있는 부분-옮긴이)의 크기가 커졌다는 사실에서 보면, 현대인의 눈은 옛날보다 커진 듯하다.

문명이 인간의 눈을 크게 만들었다. 우리가 얻는 정보의 80퍼센트는 눈을 통한 시각 정보이다. 감각에는 시각 말고도 청각, 후각, 미각, 촉각이 있지만, 이 모두를 합해도 전체 정보량의 20퍼센트밖에 되지 않는다. 현대인에게 시각이 얼마나 중요한지 짐작할 수 있다.

IT시대로 접어들면서 앞으로 눈을 사용할 일은 더욱더 늘어날 것이고, 부드러운 음식을 먹는 경향도 변하지 않을 것이다.

현대 여성들은 작은 턱을 선호한다. 그런데 앞으로 턱은 더 작아지고 눈은 더 커지고 처질 것이다. 도대체 어떤 얼굴이 될까?

POINT

한 연구팀은 "구석기 이후 시대의 경과에 따라 현대인의 눈이 처지고 있다"는 보고와 함께 그 원인을 식생활의 변화에서 찾고 있다. 딱딱한 음식을 먹지 않게 되면서 턱 근육을 지탱하는 볼 뼈가 충분히 발달하지 않고, 결과적으로 눈이 처지게 되었다는 것이다.

동양인은 왜 큰 눈을 무서워할까?

일반적으로 동양인은 크고 희번덕이는 눈을 무서워한다. 이것을 이상하게 여기는 외국인들도 있다.

동양인의 관점에서는 눈이 크고 희번덕대면 무서운 얼굴, 심지어 악인 얼굴처럼 보이기도 하는데 왜 그럴까?

실제로 이런 눈은 커서 그런지 모르겠지만, 약간 튀어나온 듯한 이미지가 있다. 또한 뒤룩뒤룩한 눈망울이 사납고 날카로운 인상을 풍긴다.

어찌되었든 간에 동양인은 이런 눈을 싫어하는데, 그 이유는 일본 사람의 눈이 대체로 작고 가늘어서가 아닌가 싶다. 말하자면 크고 희번덕이는 눈을 가진 사람은 소수파인 셈이다.

더구나 동양인은 표정이 빈약하고 함부로 얼굴에 감정을 나타내지 않는다. 그런 태도는 예의에 맞지 않다고 생각한다.

한편 서양인은 상대적으로 안구가 크다. 게다가 얼굴로 감정을 표현하는 것이 당연시되고 일상화되어 있다. 놀랐을 때, 뜻밖일 때, 화가 났을 때 큰 눈을 더 크게 뜬다.

'눈을 부라리다'는 말에서도 알 수 있듯이, 동양에서는 눈을 크게 뜨는 것을 결코 좋은 표정으로 여기지 않는다. 그래서 무의식중에 크고 희번덕대는 눈을 무서워하는지도 모른다.

POINT

동양인이 이런 눈을 싫어하는 이유는 눈이 대체로 작고 가늘어서가 아닌가 싶다. 말하자면 크고 희번덕이는 눈을 가진 사람은 소수파인 셈이다. 동양에서는 눈을 크게 뜨는 것을 결코 좋은 표정으로 여기지 않는다.

핏발 선 눈의 생리학적 상태는 어떨까?

분노나 흥분이 극에 달하면 눈에 핏발이 서는데, 생리학적으로는 어떻게 설명될까?

눈에 핏발이 선다는 것은 흰자위에 혈관이 올라온다는 말이다. 당연히 눈속 혈관의 혈압이 높아진다.

사람이 흥분하면 자율신경계에 속한 교감신경이 활성화되면서, 혈압이 올라가고 혈액 순환이 촉진된다. 이때 뇌에서는 아드레날린이 분비된다.

그렇다면 항상 눈에 핏발이 선 사람이 있는데, 어떤 상태일까?

일반인 중에는 드물지만, 폭력배나 양아치들 사이에서는 흔히 볼 수 있다.

이런 사람은 빵빵하게 부푼 풍선과 같다. 살짝만 찔러도 풍선이 터지듯이 사소한 일에도 이내 감정을 폭발시킨다. 아드레날린의 과다 분비가 원인이다.

또한 화가 났을 때 열이 나고 눈에 핏발이 서는데 이런 현상은 성충동이 일어나는 경우에도 마찬가지다.

그러니 눈에 잔뜩 핏발을 세우고 다니는 사람은 가까지 하지 않는 것이 좋다.

POINT

이런 사람은 빵빵하게 부푼 풍선과 같다. 살짝만 찔러도 풍선이 터지듯이 사소한 일에도 이내 감정을 폭발시킨다. 아드레날린의 과다 분비가 원인이다. 그러니 눈에 잔뜩 핏발을 세우고 다니는 사람은 가까지 하지 않는 것이 좋다.

보는 사람에 따라 인상이 다른 이유는?

우리는 타인의 얼굴을 온화한 얼굴, 무서운 얼굴, 슬픈 얼굴 등으로 구분한다. 대개 이런 평가는 사람마다 크게 다르지 않지만, 그렇다고 해서 절대적인 것도 아니다. 평가가 갈리는 경우도 적지 않다.

"인사과에 새로 들어온 홍 씨, 착하고 성격도 시원시원해 보여. 딱 내 타입인 거 있지."

"그래? 내가 보기엔 약아빠지고 냉혹한 사람 같던데."

이런 식이다. 사람에 대한 평가가 갈리는 것은 개인적인 경험 차이 때문이다. 경험이 다르니 당연히 사람을 보는 안목도 같을 수 없다.

가령, 맹인안내견을 보면서 순하게 생겼다고 생각하는 사람도 있지만, 눈이 참 슬퍼 보인다고 생각하는 사람도 있다.

개를 길러본 사람은 알겠지만, 사랑을 듬뿍 받은 개는 눈빛이 반짝인다. 그런 개에 비하면 맹인안내견으로 살아가야 하는 고달픈 운명이 가엽게 여겨질 테고, 그래서 개의 표정이 슬퍼 보이는 것일 수도 있다.

게다가 그 사람의 심리상태도 반영될 것이다. 마음이 울적할 때는 개의 표정도 애처로워 보이고, 신나고 들떠 있을 때는 개의 표정도 즐거워 보인다.

또한 마음이 잔뜩 흐려 있으면 시선도 흐려진다. 그렇게 보면 우리의 시각적 판단력도 대단히 불안정한 것이다.

POINT

사물이나 사람에 대한 평가가 갈리는 것은 개인적인 경험 차이 때문이다. 경험이 다르니 당연히 사람을 보는 안목도 같을 수 없다. 게다가 그 사람의 심리상태도 반영된다.

사람들은 왜
사기꾼의 웃음에 쉽게 속을까?

가족이나 친구들이 억지웃음을 짓거나 하면 대개는 알아채게 되는데, 왜 그럴까?

오래 만나는 동안 우리의 뇌가 그 사람의 표정을 꼼꼼히 파악했기 때문이다. 뇌는 한 번 만난 사람의 얼굴 정보도 인식하고 있다. 따라서 그때그때의 표정에서 상대방의 마음이나 심리상태를 읽어낼 수 있다.

그러나 처음 만난 사람인 경우에는 축적된 자료가 없다. 그래서 뇌는 기존의 경험에서 얻은 데이터를 참고해 상대방의 성격이나 심리를 파악하려고 한다. 하지만 그것을 단번에 읽어낸다는 것은 쉽지 않다.

선량한 미소를 지어 보이는 사람을 만났을 때, 그가 선인인지 악인인지 올바로 판단하기란 어렵다. 사기꾼이나 사이비 종교인들은 바로 그 점을 노린다.

그 선량한 웃음을 믿어버리면 끝장이다. 얼마나 언변이 좋고 수법이 뛰어난지 꼼짝없이 걸려들고, 감쪽같이 속아 넘어간다. 그러니 아무리 사람 좋은 웃음을 지어 보여도 처음 만난 사람을 무턱대고 믿어서는 안 된다. 조심하고 또 조심해야 한다.

POINT

선량한 미소를 지어 보이는 사람을 만났을 때, 그가 선인인지 악인인지 올바로 판단하기란 어렵다. 사기꾼이나 사이비 종교인들은 바로 그 점을 노린다. 얼마나 언변이 좋고 수법이 뛰어난지 꼼짝없이 걸려들고, 감쪽같이 속아 넘어간다.

얼굴을 보고 사람을 읽는다
악인의 얼굴학

2008년 8월 13일 개정판 1쇄 인쇄
2008년 8월 20일 개정판 1쇄 발행

지은이 | 카도 아키오 · 인생의 달인 연구회
옮긴이 | 이윤정
펴낸이 | 윤정희
펴낸곳 | (주)황금부엉이

주소 | 서울시 마포구 서교동 353-4 첨단빌딩 9층
전화 | 02-338-9151(편집부) 02-338-9128(전략마케팅)
팩스 | 02-338-9155
홈페이지 | www.goldenowl.co.kr
출판등록 | 2002년 10월 30일 제 10-2494호

기획편집부장 | 홍종훈
편집진행 | 박종훈, 조연곤
본문디자인 | 씨오디
삽화 | 임종철
전략마케팅 | 신용천
제작 | 구본철

ISBN 978-89-6030-180-1 03320

※ 이 책은 〈악인의 얼굴학〉의 장정개정판입니다.